MATRICULE

MATRICULE 728

Servir et se faire salir
Mon histoire

BERNARD TÉTRAULT ET **STÉFANIE TRUDEAU**

éditions

Éditeur : François Doucet
Révision linguistique : C. Dumas
Correction d'épreuves : Audrey Faulkner, Nancy Coulombe
Conception de la couverture : Matthieu Fortin
Illustration de la couverture : © Thinkstock
Mise en pages : Matthieu Fortin
ISBN papier 978-2-89752-835-5
ISBN PDF numérique 978-2-89752-836-2
ISBN ePub 978-2-89752-837-9
Première impression : 2015
Dépôt légal : 2015
Bibliothèque et Archives nationales du Québec
Bibliothèque Nationale du Canada

Éditions AdA Inc.
1385, boul. Lionel-Boulet
Varennes, Québec, Canada, J3X 1P7
Téléphone : 450-929-0296
Télécopieur : 450-929-0220
www.ada-inc.com
info@ada-inc.com

Imprimé au Canada

Diffusion
Canada :   Éditions AdA Inc.
France :   D.G. Diffusion
                Z.I. des Bogues
                31750 Escalquens — France
                Téléphone : 05.61.00.09.99
Suisse :   Transat — 23.42.77.40
Belgique :   D.G. Diffusion — 05.61.00.09.99

Québec ■■ ■■
Crédit d'impôt   Gestion
livres   SODEC

Participation de la SODEC.
Nous reconnaissons l'aide financière du gouvernement du Canada par l'entremise du Fonds du livre du Canada (FLC) pour nos activités d'édition.
Gouvernement du Québec — Programme de crédit d'impôt pour l'édition de livres — Gestion SODEC.

« En lisant ce témoignage inédit, vous découvrirez derrière l'armure de la tristement célèbre Matricule 728, une femme de cœur, honnête, et dédiée corps et âme à son métier de policière. Vous constaterez, comme nous, qu'elle a été conspuée et mise au ban de la société sans aucune raison valable au cours de ce printemps étudiant de 2012, où notre société avait perdu ses repères. Vous allez vivre avec elle sa véritable descente aux enfers, une descente qu'on ne souhaite à personne, uniquement attribuable au fait qu'elle a effectué son travail à la lettre, comme son serment de policière le lui dictait et comme ses supérieurs le lui commandaient. Nous la remercions de nous avoir fait confiance. »

— Ses défenseurs, Mes Jean-Pierre Rancourt et Célina St-Francois

PRÉSENTATION

J'ai rencontré pour la première fois la policière Stéfanie Trudeau, la désormais célèbre Matricule 728 de la police de Montréal, grâce à son avocat, Me Jean-Pierre Rancourt, avec lequel j'écrivais une confidence biographique sur sa carrière de criminaliste. Elle était en compagnie de sa conjointe, Marie-Claude, policière comme elle, qui prenait sa retraite quelques jours plus tard, après 30 années de service dans la police de Montréal.

Je me suis immédiatement senti en terrain connu avec elle. En tant que journaliste judiciaire, j'ai vécu dans les milieux policiers pendant 40 ans et y ai rencontré les meilleurs et les pires de leurs éléments. J'ai tout de suite vu qu'on avait des atomes crochus et constaté que Matricule 728 était de la classe des meilleurs que j'ai fréquentés et très loin de l'image ternie que le public a connue. Qu'elle était plutôt de la trempe de ceux qu'on qualifiait jadis de vrais policiers. Et qu'elle avait manifestement été victime d'un système encroûté qui choisit toujours de protéger ses arrières et de sauver son image plutôt que de défendre ceux à qui il demande de protéger la population.

Lors de notre rencontre, les deux policières avaient vécu deux années de cauchemar, déclenchées par la tapageuse grève des étudiants qualifiée de Printemps érable de 2012, avec ses nombreuses et violentes manifestations opposant carrés rouges, éléments agitateurs infiltrés et protestataires de tout acabit contre les policiers montréalais.

Stéfanie Trudeau m'a tout de suite fait penser à un boxeur presque mis K.-O. durant le combat, qui se relève courageusement au dernier round pour sauver sa réputation.

Lynchée sur la place publique par deux incidents hautement médiatisés, littéralement crucifiée par ses patrons, elle a sombré dans le plus total découragement, puis elle s'est relevée.

Elle a retroussé ses manches et a décidé de se vider le cœur et de mettre ses tripes sur la table. De rendre publique sa version des faits et des événements qui ont mené à la destruction de son image dans tous les médias — journaux, radio, télévision, médias sociaux —, au point que son histoire a fait littéralement le tour du globe.

La policière que j'ai rencontrée est une passionnée de son métier, passion qui lui vient de son père, longtemps directeur de la police de Saint-Hubert et président de l'Association canadienne des chefs de police. Elle m'a fait constater, comme vous le ferez dans ces pages, que les deux vidéos virales, qui ont tourné sur le Web pendant des mois et ont servi à son lynchage public, sont loin de refléter la vérité, toute la vérité, sur ce qui s'est vraiment passé. Vous verrez qu'une grande partie de cette affaire a été montée en épingle, exagérée et passée au moulinet du commérage public. Et, tout ça — c'est ce qui en ressort surtout —, sans même que les autorités interviennent. Sans même qu'elles lèvent le petit doigt pour rétablir les faits et sa réputation, bien au contraire. C'est ce que Stéfanie va vous raconter dans le menu détail dans les pages qui suivent.

Bernard Tétrault

INTRODUCTION

Aujourd'hui, je m'envole vers des cieux plus cléments, après un hiver rigoureux et glacial. Au cours des deux dernières années, ma famille a vécu un enfer interminable, et ce, à cause de mon métier de policière.

Si j'ai décidé de mettre par écrit le véritable calvaire qui m'a été imposé, c'est pour que mes deux enfants, quand ils seront en âge de comprendre, soient en mesure de connaître la vérité sur leur mère et sur les événements qui l'ont rendue tristement célèbre.

C'est également pour que monsieur et madame Tout-le-Monde soient mis au courant de tous les faits qui se sont produits au printemps 2012. Pour qu'ils comprennent qu'on ne leur a pas dit toute la vérité sur ce fameux printemps dit Érable, où on a sali ma réputation sans que je puisse me défendre.

Je sais pertinemment qu'à peu près tout le monde au Québec, et même au Canada, connaît mon nom et surtout mon numéro de matricule. Je suis consciente que ce numéro 728 est associé à de supposées bavures que j'aurais commises.

Après la lecture de ce livre, vous serez sûrement en mesure de juger par vous-même si mes actions constituaient vraiment des bavures ou des dérapages, comme on l'a claironné partout.

Merci à ma famille et à mes amis de m'avoir soutenue à travers ce parcours rempli d'embûches, ainsi que durant les moments les plus sombres où, si ce n'était de mes deux enfants et de ma conjointe, j'aurais pu commettre l'irréparable et n'être déjà plus de ce monde.

Je me demande, depuis, comment j'ai réussi à tirer du positif de ces événements qui ont complètement chamboulé ma vie. Je n'aurais jamais pensé qu'un jour je serais au cœur d'une histoire semblable.

Depuis ces événements, je ne suis plus la même. J'ai perdu toute la fougue qui me caractérisait. Avant, j'étais tranquille et stable. On vivait heureuses, ma conjointe, Marie-Claude, et moi, en parfaite harmonie avec le style de vie qu'on avait choisi. Policière depuis 30 ans pour le même employeur que moi, elle arrivait à la fin de sa carrière sans la moindre tache à son dossier. Policière exemplaire, elle a été très affectée par la situation dans laquelle j'ai été plongée bien involontairement, en ne faisant que mon travail de policière.

Jusque-là, on s'était toujours souciées de ne pas ramener les problèmes du travail à la maison. Lorsqu'on terminait nos quarts de travail, qu'on fermait notre casier à nos postes respectifs, on laissait nos problèmes de travail au vestiaire.

Tout a changé le soir du 20 mai 2012 quand, intervenant dans une des émeutes de la grève étudiante, je me suis retrouvée à la une de tous les journaux, à la radio, à la télévision et sur les réseaux sociaux, décriée comme « une folle qui a pété sa coche » en aspergeant de poivre de Cayenne des émeutiers violents qui tentaient de traverser la ligne de protection qu'on avait érigée au coin des rues Sainte-Catherine et Saint-Hubert, dans l'est de Montréal, à la demande du commandant de scène dont je relevais, et qui dirigeait les opérations sur le terrain.

Par la suite, le ciel m'est tombé sur la tête et, comme vous le verrez, rien n'a été fait pour rétablir les faits. Mon employeur, pour lequel j'avais toujours démontré de la loyauté, n'a pas jugé bon de me rendre la pareille, hélas!

Après être passée par toute la gamme des émotions, colère, rage, incompréhension, après avoir consulté pendant presque un an pour tenter d'apaiser la haine qui m'habitait, je me suis rendu compte que je ne pouvais passer le reste de ma vie en colère. Mon attitude négative me minait et se reflétait sur mes proches. Ils souffraient à cause de moi. Malgré leurs mots d'encouragement, leurs sourires, leur compassion et leur amour, ils me voyaient m'enfoncer dans un état dépressif inquiétant. Il était temps que cela cesse.

Ce temps est passé. C'est derrière moi. On dit que le temps arrange les choses. Moi, j'ai décidé de me mettre au défi. De verbaliser, dans ce livre, comment j'ai vécu cette humiliation publique et comment je suis parvenue à survivre à ce châtiment, rarement réservé à quelqu'un de chez-nous, selon moi.

Je n'ai pas l'intention de rester dans le mutisme auquel on m'a forcée. Je ne peux quand même pas mordre la main qui me nourrit encore et, pour le bien de mes proches, qui ont déjà assez souffert de cette situation, j'ai conclu que la meilleure façon de rétablir mon nom, ma réputation et mes compétences professionnelles, tout en exposant la vérité, rien que la vérité, était de passer par l'écriture. Et je l'ai fait dans un climat de totale quiétude, en grande partie au bord de la mer à Great Bay, à Saint-Martin, dans les Caraïbes, où je m'étais réfugiée pour panser mes plaies. J'avais en tête la devise policière *Servir et protéger*, et j'ai pensé que le titre de mon livre pourrait plutôt être *Servir et se faire salir,* et j'ai plongé. J'ai tout écrit à la main dans pas moins de sept gros cahiers et j'ai par la suite tout complété avec l'auteur et journaliste judiciaire Bernard Tétrault.

Si j'ai écrit ce livre, c'est pour me délivrer de toutes ces émotions négatives que je ressens encore. Je veux également montrer qu'il est dangereux de croire tout ce qu'on peut lire, écrire ou dire d'une personne. Il est facile de condamner un individu, mais pour comprendre une situation et y découvrir la vérité, il faut se fier aux faits et non aux perceptions.

Les médias, en faisant abstraction de toute impartialité, m'ont trahie. Mes patrons et les autorités compétentes, en refusant systématiquement de dire la vérité au public, ont fait de même. En somme, en étant privé de tous les faits concernant la vraie Matricule 728, c'est tout le public québécois qui a été trahi.

Je crois qu'après avoir raconté les faits tels qu'ils se sont réellement produits, je serai en paix avec moi-même et je ferai honneur à ma réputation de femme d'une extrême résilience.

Stéfanie Trudeau
Matricule 728

PREMIÈRE PARTIE

SERVIR ET SE FAIRE SALIR

UN GARÇON MANQUÉ

D'aussi loin que je me souvienne, j'ai toujours voulu être dans la police. Il faut dire que mon père, Pierre Trudeau, décédé d'un cancer en 2001, à 60 ans, était policier et qu'il était mon idole. Il a été en service dans la municipalité de Verdun pendant 10 ans, où il a gravi les échelons jusqu'au grade de lieutenant. Puis, il s'est retrouvé dans la police de Saint-Hubert, sur la Rive-Sud de Montréal, d'abord comme directeur adjoint pendant deux ans, puis directeur pendant plus de 30 ans.

Je suis née en 1972, à Brossard, et j'ai un frère prénommé Martin. Ma mère se nomme Denise et, maintenant âgée de 79 ans, elle a été très affectée par ce qui m'est arrivé, car elle sait combien j'ai rêvé d'être dans la police, à quel point j'ai trimé dur pour y arriver et combien j'aimais faire partie d'un corps policier.

Il faut dire que dès qu'on m'a pointée du doigt, les journalistes se sont mis à fouiller mon passé. Ils sont remontés jusqu'à mes années passées à l'école primaire Saint-Michel et à la polyvalente Antoine-Brossard, où se sont déroulées toutes mes années d'adolescence. Ils ont même poussé l'audace jusqu'à aller importuner ma mère âgée, qui n'a rien à voir, ni de près, ni de loin, avec cette affaire. Imaginez l'anxiété et la douleur qu'elle a subies à voir sa fille se faire lyncher devant tout le Québec.

Je ne me serais jamais affichée de façon aussi personnelle comme je le fais dans ce livre si les journalistes n'avaient pas fouillé dans cette partie de ma vie qui n'a absolument rien à voir avec les événements de 2012. Je le fais parce que tellement de calomnies et de mensonges ont été véhiculés dans les médias que je me dois de rétablir les faits. Les vrais faits.

Cadette de la famille Trudeau, j'étais une fillette très active qui n'aimait pas du tout les activités dites de « fille ». Je n'aimais pas les robes ni les poupées. J'étais plutôt intéressée par les jouets de mon frère, et ce, au grand dam de mes parents, surtout ma mère, qui a tout essayé pour me rendre plus féminine.

Mais, que voulez-vous, les goûts, ça ne se discute pas. En plus, j'étais une petite fille plutôt entêtée, qui savait ce qu'elle aimait et ce qu'elle n'aimait pas.

J'ai compris très tôt dans ma vie que j'étais une personne différente des autres et que cette différence me valait déjà, à un très jeune âge, des commentaires méchants, des remarques mesquines, ainsi que de la résistance de la part de certaines personnes.

À titre d'exemple, j'ai toujours adoré me balader avec mon père policier. Je sautais de joie à toutes les fois qu'il m'amenait avec lui faire un tour au poste, comme il disait. J'étais toujours partante.

Par contre, lorsque ses hommes le croisaient en ma compagnie et qu'ils ne m'avaient jamais rencontrée, ils disaient, neuf fois sur dix :

— Salut chef, c'est le fun d'avoir amené votre garçon avec vous aujourd'hui !

Et mon père, d'être obligé de répondre, un peu mal à l'aise :

— Ce n'est pas mon gars, c'est ma fille…

Quand je suis devenue un peu plus vieille, je me suis mise à me demander comment éviter ce malaise évident qui devait causer beaucoup de douleur à mon père. Je savais qu'il m'adorait et, pour remédier le mieux possible à cette problématique, lorsque je voyais de ses policiers venir à notre rencontre, je prenais les devants. Je me présentais moi-même, Stéfanie Trudeau, et ça annulait toute ambiguïté.

En faisant la rétrospection de mon enfance, je comprends maintenant les raisons qui m'ont amenée à me créer une carapace à toute épreuve.

Comme la différence fait souvent peur aux gens et que, face à quelque chose de hors-norme, ils deviennent souvent méchants, j'ai appris toute jeune à me blinder. J'étais un garçon manqué et ce sont surtout les jeunes de mon propre entourage qui me montraient du doigt. Ils se sont mis à m'insulter dans la cour de récréation, dès que j'ai mis les pieds à l'école primaire Saint-Michel, rue Aline, à Brossard. Je suis devenue très sensible à leurs remarques, et je comprends plus que d'autres ce qu'est l'intimidation à l'école.

J'ai tout de suite été la tête de Turc pour quelques garçons plus vieux que moi, qui s'amusaient à me bousculer et même à me battre à la sortie des classes et lors de la marche de retour à la maison. Trop jeune encore pour me défendre, j'arrivais chez moi, des fois avec une lèvre amochée, d'autres fois avec les vêtements sales et déchirés. Je subissais alors les reproches de ma mère, car elle n'était pas contente que je m'entête à être plus masculine que féminine.

Un jour, j'ai décidé que c'était assez. Que c'était fini de passer pour le gars manqué que les autres avaient le droit de ridiculiser et de battre à loisir. Je me suis défendue ardemment et jamais, plus jamais, je n'ai été victime de violence.

J'avais compris que si je voulais être en mesure de me rendre et de revenir de l'école en paix, il fallait que je me défende, mais surtout que je fasse comprendre à mes bourreaux qu'ils ne me faisaient plus peur. Et qu'à partir de maintenant, c'étaient eux qui devaient me craindre.

Il ne s'agit peut-être pas du meilleur moyen pour avoir la paix, mais quand vous vivez dans la peur de vous faire battre parce que vous êtes différent, vous n'avez pas le choix de trouver des solutions. Lorsqu'on est jeune, on n'a pas d'expérience ni de moyens, alors, lorsqu'on trouve une solution efficace pour contrer cette violence qu'on vous fait subir, on la conserve et on la met en pratique pour d'abord assurer sa sécurité et pour que, à l'avenir, on vous respecte.

À cette époque, les gens ne parlaient pas d'intimidation et des moyens de l'éviter. Les adultes disaient aux enfants :

— Voyons donc, il faut que tu t'endurcisses, ou bien il va falloir que tu te défendes, sinon tu vas toujours te faire manger la laine sur le dos !

J'avais écouté ce message de l'époque. J'avais trouvé le moyen idéal pour retrouver la paix à la sortie des classes et j'ai, conséquemment, gagné en confiance. Incroyablement, il a suffi que je me défende face à mes dénigreurs, et ceux-ci sont devenus moins nombreux de jour en jour. Maintenant, ils me craignaient en me croisant dans la rue.

J'ai alors compris que ce n'était pas parce que je n'étais pas comme les autres que j'étais condamnée à me faire battre, ridiculisée et humiliée. Je sentais le ressentiment. J'étais une fille sensible, mais j'ai vite compris que la solution n'était pas de pleurnicher ou de m'apitoyer sur mon sort. Je suis en quelque sorte devenue l'agresseur des intimidateurs. Et pas pour rien. Pendant toutes mes années d'école primaire, je suis devenue de plus en plus forte. De plus en plus athlétique. Je dépassais facilement plusieurs garçons sur le plan sportif. Et j'ai fini par devenir porte-parole pour certains de mes amis, gars ou filles, qui se faisaient intimider à leur tour.

Mon propre frère, qui est plus âgé que moi de deux ans, avait un physique tout désigné pour être la cible de moqueries et de violence. Il était grand, maigre et renfermé. Je me souviens de l'avoir vu dans une situation fâcheuse, un jour, dans la cour d'école. Ne faisant ni une ni deux, j'ai couru et j'ai sauté dans le dos de celui qui était en train de le frapper à la tête. Ma réputation de véritable lionne a alors pris son envol.

J'aimais mieux être crainte que d'être un souffre-douleur. De toute manière, je le sais maintenant, la deuxième option ne cadrait absolument pas avec mon tempérament.

J'avais environ huit ans à cette époque et, comme je l'ai déjà dit, je n'aimais pas les activités auxquelles participent généralement les filles. Ma mère m'avait inscrite au patinage artistique. Quelle déception! Moi, je n'avais qu'une idée en tête, jouer au hockey comme mon frère. Mais en 1980, les filles n'avaient pas le droit de jouer au hockey organisé. Je trouvais cela injuste. C'était une autre activité qu'on me refusait. Je me souviens avoir pensé que je n'étais pas née dans le bon corps.

Je n'aimais rien qui était féminin et, ce qui n'aidait pas ma cause, c'était que sur la rue où j'habitais, dans un quartier de Brossard, il n'y avait que des garçons et ils étaient tous plus âgés que moi. J'ai réussi à m'immiscer dans le groupe, mais ce fut à la dure. J'ai appris à garder les buts, une position dont personne ne voulait. C'était cela, sinon je ne jouais pas.

J'ai donc passé une jeunesse assez difficile, mais j'apprenais en même temps à m'accepter tranquillement, malgré le fait que ça dérangeait passablement mes parents, qui n'arrivaient pas à comprendre que leur petite fille ne cessait d'agir comme un garçon.

J'ai essayé de me féminiser, mais je me suis vite rendu compte que je n'étais pas à l'aise et que je ne me sentais tout simplement pas moi-même.

Je suis donc restée intègre et j'ai opté pour être bien avec moi-même, plutôt que de faire plaisir aux autres et à une partie de la société qui décide de ce qui est normal ou pas. Et ce, malgré le fait que je faisais de la peine à mes parents.

Je n'ai pas choisi d'être masculine. Je suis venue au monde avec mes goûts et mes préférences, et on ne peut mentir à soi-même. Je le sentais, que j'étais la petite fille montrée du doigt, que j'étais mise à part. Cela me révoltait, c'est sûr. J'avais des émotions, comme les autres. Comme eux, tout ce que je désirais, c'était de me faire des amis. Je ne voulais pas être à part des autres. Ce n'était pas évident. Les gens me disaient que j'étais gaie et moi, à l'âge que j'avais, je ne le savais pas. Je ne savais même pas ce que cela voulait dire.

LE SEUL MOYEN POUR AVOIR LA PAIX

Le passage de la petite école à la polyvalente est une période de transition difficile à franchir pour tous les jeunes, alors imaginez pour moi.

Dès que j'ai mis les pieds à la polyvalente Antoine-Brossard, boulevard de Rome à Brossard, j'ai compris très rapidement qu'il s'agissait d'un tout autre monde. J'allais d'abord être forcément parmi les plus jeunes et j'allais vite me rendre compte que ce n'était pas parce qu'on changeait de milieu que les problèmes auxquels on avait fait face dans le passé ne reviendraient pas nous hanter.

J'ai vite compris que j'allais être obligée de me faire respecter à nouveau, car, dès mes premiers jours à cet endroit, les insultes et les commentaires homophobes ont fusé. Je me faisais encercler, bousculer. Les graffitis sur mon casier se sont multipliés.

Ma première année au secondaire a été l'enfer. J'étais encore isolée des autres à cause de ma différence. Il m'a fallu beaucoup d'efforts pour me faire accepter par les autres élèves, pour leur faire comprendre que je n'étais pas un animal de cirque, mais un être humain, tout comme eux. Avec mes qualités et mes défauts. Quand j'ai finalement réussi à prendre les choses en main et à gagner le respect des autres, je m'étais évidemment fait une réputation de dure à cuir. Que voulez-vous, c'était le seul moyen que j'avais pour y parvenir et le seul que je connaissais pour connaître la paix d'esprit.

L'école secondaire est déjà une étape charnière dans la vie d'une adolescente. Je l'ai trouvée particulièrement difficile, car il fallait parfois que je me batte à la sortie de l'école parce qu'il y avait toujours quelqu'un qui « voulait m'essayer ». Et comme j'avais appris à ne jamais reculer devant personne, pas plus que je ne le fais aujourd'hui, c'est ainsi que plusieurs jeunes de Brossard ont compris que je n'allais jamais me laisser manger la laine sur le dos.

Heureusement, je ne me suis jamais fait expulser de l'école, pour quelque prétexte que ce soit, ni au primaire ni au secondaire. Les gens qui ont affirmé aux médias que je me battais continuellement à l'école ont oublié de mentionner que je me battais uniquement si j'y étais forcée. Je n'ai, par contre, jamais cherché à me battre contre qui que ce soit. Ce qui est vrai, c'est que si on venait me défier, je ne tournais pas le dos. Je ne pliais pas. Si je l'avais fait, je ne m'en serais jamais sortie.

Je me suis toujours assumée comme je suis. Ce n'est pas parce qu'un certain nombre d'individus dans notre société n'acceptent pas la différence chez les autres que je dois m'empêcher de vivre ma vie comme je l'entends. Je l'ai appris toute jeune, comme vous le constatez. Je n'avais, et n'ai toujours pas, à céder aux pressions d'une partie de la société qui dit aux hommes et aux femmes ce qui est dans la norme et ce qui ne l'est pas.

C'est certain que dans la municipalité de Brossard, où j'ai vécu ma jeunesse, il y a beaucoup de gens qui se souviennent de moi. J'étais une fille unique. Il est tout à fait vrai de dire qu'il n'y en avait pas deux comme moi. Et c'est tout aussi certain que ceux qui ont voulu se frotter à moi m'ont trouvée folle, violente et intimidante. Ceux qui se cachent derrière l'anonymat pour parler négativement de mes faits d'armes de cette époque oublient de dire que, la plupart du temps, quand je me battais, je me défendais contre des intimidateurs, ou je défendais leurs victimes.

Heureusement, ces détracteurs anonymes ne sont pas nombreux. Il y a beaucoup plus de gens de Brossard qui me connaissent depuis ce temps-là et qui savent voir à travers cette armure que je m'étais forgée. Ils savent que j'ai une nature sensible, que je pleure facilement, que j'ai tendance à tendre la main et à aider les autres. Ils ne connaissent pas que ma façade. Plusieurs d'entre eux sont demeurés des amis fidèles et vous le diront :

— Stef, elle a un grand cœur et quand tu la connais pour de vrai, tu sais l'apprécier à sa juste valeur.

J'ai rencontré plusieurs de mes amis actuels à l'école. Ça fait maintenant 25 ans. Et malgré nos occupations différentes et nos horaires de travail chargés, on réussit à se voir assez fréquemment.

D'ailleurs, et je ne l'oublierai jamais, depuis ces dernières années éprouvantes, ces amis me téléphonent pour m'encourager et me faire savoir qu'eux, ils m'aiment ! C'est aussi grâce à eux si j'ai réussi à passer à travers cette terrible épreuve et je leur en serai éternellement reconnaissante.

UN MÉPRIS POUR LES HYPOCRITES

J'ai fait mes études collégiales au Cégep de Maisonneuve, rue Sherbrooke Est, à Montréal. Comme je n'étais pas douée pour les mathématiques, j'ai dû faire une année en sciences humaines afin d'avoir le prérequis en statistiques et de pouvoir m'inscrire au programme auquel je rêvais depuis mon enfance : Techniques policières. J'ai bûché fort et j'ai dû suivre des cours d'été pour y arriver.

À ce niveau, les étudiants sont moins portés à harceler ceux qui sont différents. La transition a donc été plus facile. Les jeunes sont plus matures, plus expérimentés et ont moins tendance à se regrouper pour rendre la vie difficile à ceux qu'ils jugent différents de la masse.

Cela n'empêche cependant pas certains de te juger et de parler de toi dans ton dos. J'ai rapidement su que plusieurs collègues dans mon programme m'avaient baptisée de plusieurs prénoms masculins. J'ai su que je les dérangeais, car je n'étais pas du genre introverti. Je n'avais pas peur de faire connaître mes opinions et de m'affirmer.

Si j'apprenais que quelqu'un médisait sur mon compte, je le confrontais directement et l'avisais de cesser de me dénigrer. C'est certain qu'en agissant ainsi, je faisais réagir ceux qui étaient visés. Ils me considéraient tout de suite comme une amie ou ils devenaient des ennemis.

J'ai compris, à ce stade de ma jeune vie, qu'il y a beaucoup de gens hypocrites. Beaucoup de gens qui n'ont pas le courage de leurs opinions. Au lieu de dire ce qu'ils pensent vraiment, ils vous font croire qu'ils vous aiment et vous respectent et, dès que vous avez le dos tourné, ils déblatèrent contre vous.

J'ai donc développé, à partir de ces constatations, un mépris pour les hypocrites et, encore aujourd'hui, dans la police, ça ne fait pas exception.

Par conséquent, comme je me considère comme une personne franche et directe, je suis incapable de jouer le rôle d'hypocrite. Je ne me suis donc pas fait que des amis. Et je n'ai pas changé. Je pense toujours, soit tu m'aimes, soit tu ne m'aimes pas. Il n'y a pas d'entre-deux.

Je préfère de loin rester intègre plutôt que de jouer un jeu auquel je n'ai aucune tendance et aucun plaisir à adhérer.

CAPORALE STÉFANIE TRUDEAU

Après mes études collégiales, c'est avec une immense fierté que j'ai fait mon entrée à l'École nationale de police du Québec, située à Nicolet dans le Centre-du-Québec. Après voir acquis leur diplôme d'études collégiales, les candidats sont assez bien outillés, sur la plan scolaire, pour exercer à titre d'agent de la paix, mais il leur faut traverser cette dernière étape, et non la moindre.

Durant 12 semaines de formation intense, on nous enseigne à devenir presque surhumains. On doit composer avec et apprendre à maîtriser différents aspects de ce complexe métier. Il est évident qu'on ne peut devenir des experts en arts martiaux durant ce court laps de temps, mais on y apprend quand même à procéder à une arrestation, comment et jusqu'où employer la force quand cela s'avère nécessaire.

J'ai réussi ce cours avec une note plus forte que le cumulatif de la moyenne générale, 73,8% pour tout le stage, contrairement à ce qu'un animateur radiophonique a déclaré à son émission en août 2014. Selon lui, ce n'était « pas fort » mon rendement à l'École nationale de police. Pourtant, je suis sortie de là le 3 décembre 1993, avec un diplôme qui certifiait que j'avais complété ma formation avec succès, et avec le grade de caporale !

Durant mon stage, ma différence ne passait évidemment pas inaperçue parmi les aspirants policiers. Ainsi, lors de mon cours de défense appelé *Defendo et efficacité*, on me testait en me faisant attaquer par deux agresseurs alors que les autres ne l'étaient que par un.

Ce que j'ai retenu durant cette formation, et qui me semblait d'une extrême importance, c'est le fait qu'on devait maintenant, et pour toujours, voir son corps comme l'arme la plus précieuse que l'on possède et que l'on doit le traiter avec le plus grand soin possible.

Presque toutes les étapes du continuum de force, c'est-à-dire les étapes que l'on doit suivre dans l'éventualité où l'on serait obligé d'utiliser la force pour faire notre travail, concernent cette arme personnelle qu'est notre corps. Et ces étapes, tous les policiers doivent les apprendre et les assimiler. La première étape est la présence physique. À elle seule, elle peut désamorcer une situation tendue. La deuxième étape est l'intervention verbale par voie de commandes et d'ordres donnés vocalement. La troisième est l'invitation physique, qui consiste en une simple escorte physique. La quatrième est l'emploi de techniques légères à mains nues (points de pression, clés de bras, poignets). La cinquième est l'utilisation de techniques puissantes à mains nues (frappes sur parties spécifiques, prises par encolure I, II et III). La sixième est l'utilisation d'armes intermédiaires (poivre de Cayenne, bâton télescopique). Et la septième, et ultime étape, est l'utilisation de notre arme à feu.

Fait à noter, on peut être forcé de passer de l'étape un à l'étape sept en quelques secondes. Ce qui veut dire que l'usage de la force dans le cadre de nos fonctions est toujours relié au niveau de résistance et de danger devant lequel on se trouve et où l'on doit intervenir. En d'autres mots, la force sera employée conséquemment au niveau de résistance de l'interpellé.

Les interventions où les gens sont coopératifs et non intoxiqués se déroulent généralement sans avoir à utiliser quelque force que ce soit. Par contre, et on l'apprend à l'usage, la majorité de nos interventions se produisent à la suite de conflits, où la violence est trop souvent présente. C'est alors qu'entre en application le continuum de force.

Malheureusement, beaucoup de facteurs peuvent venir compliquer et rendre notre travail dangereux. La plupart du temps, les gens interpellés sont intoxiqués par l'alcool ou les drogues, ce qui altère complètement leur comportement, et leur jugement en est gravement atteint. C'est souvent dans ce genre de contexte que des interventions peuvent dégénérer et nous mettre en danger.

À mon arrivée au Service de police de Montréal, en 1993, il n'y avait pas d'armes intermédiaires. Après l'utilisation des techniques puissantes à mains nues, il ne nous restait qu'une seule option pour se sortir d'une situation dangereuse, potentiellement mortelle.

J'ai donc appris à me servir de mon corps qui m'apportait la force physique nécessaire pour faire face à des individus violents, agressifs, intoxiqués, non coopératifs ou instables mentalement.

On n'aime jamais utiliser la force, mais, parfois, on ne nous laisse pas le choix. On préfère que les gens coopèrent, car cela diminue grandement les risques de blessures, autant pour eux que pour nous.

Les statistiques démontrent que 80% des décès de policiers en service se produisent lors de combats corps à corps avec un ou des suspects, et le désarmement du policier en est très souvent la cause. Force est donc de constater que de savoir se défendre et d'avoir confiance en ses capacités et ses connaissances sont les clés de la survie dans ce métier.

J'ai toujours pris très au sérieux mon niveau de conditionnement physique, car, étant une policière proactive qui allait évoluer dans les secteurs chauds de la ville, comme vous le verrez, j'étais appelée quotidiennement à intervenir physiquement pour bien gérer un événement.

Je n'ai jamais eu le réflexe naturel d'avoir recours à mes armes intermédiaires, car, à mes débuts, on n'avait pas ces armes. J'étais donc conditionnée par habitude à me servir de mon corps. D'ailleurs, une des rares fois où j'ai dû utiliser le poivre de Cayenne sur un individu violent, mis à part l'émeute du 20 mai 2012, dont il sera abondamment question dans ce livre, le résultat n'a pas été celui attendu. Au lieu de calmer le suspect, le jet de poivre l'a rendu encore plus violent, en proie à une véritable crise. C'est que l'effet du poivre n'est pas le même sur tous les gens. Par après, j'étais moins encline à l'utiliser.

J'allais donc durant toute ma carrière faire beaucoup plus confiance à mes capacités physiques, ainsi qu'aux techniques enseignées à l'école de police. Comme je mesure 1 m 71 et pèse 80,6 kilos et que, la plupart du temps, c'est plutôt avec des hommes que l'on doit intervenir corps à corps pour les maîtriser, j'étais la plupart du temps désavantagée par le poids et la grandeur.

Lors d'une intervention, lorsque je me retrouvais à la cinquième étape par la force des choses, l'encolure est la technique que je privilégiais. Pourquoi cette technique plutôt que les autres? Entre autres parce que je n'avais pas l'instinct de frapper. Contrairement à ce que mon *body language* peut dégager, je n'aime pas frapper un suspect.

Cette prise est très efficace et permet d'amener le suspect à la même hauteur que soi en lui faisant plier les jambes de manière à pouvoir se positionner correctement derrière lui pour le maîtriser.

Très souvent, les événements ne se déroulent pas comme prévu. Par exemple, lorsqu'on se trouve dans un espace exigu ou sur un sol instable, comme une cage d'escalier, il est plus difficile d'appliquer la prise d'encolure de façon parfaite. Ajoutez à cela un individu intoxiqué et non coopératif qui résiste et vous n'aurez d'autre choix que de faire de votre mieux pour arriver à vos fins en souhaitant causer le moins de blessures possible, tout autant au suspect qu'à vous-même.

Durant ma longue carrière, j'ai effectué plusieurs arrestations dans de telles circonstances et jamais aucun de mes détenus, pas plus que mes partenaires ou moi, n'a eu à visiter les salles d'urgence des hôpitaux par après. Cette technique est très efficace et est dûment enseignée à l'École de police du Québec, et également dans plusieurs services de police partout dans le monde.

L'encolure comporte trois niveaux d'application de force. Une encolure de niveau I consiste à n'appliquer aucune pression sur les deux côtés du cou, où l'on retrouve les veines jugulaires d'un côté et la carotide de l'autre.

On place notre bras le plus fort en forme de V autour du cou du suspect en s'assurant que la jonction entre l'avant-bras et le biceps, autrement dit l'articulation, se trouve au milieu du cou du suspect. De cette manière, on ne provoque aucune tension sur sa trachée et sa pomme d'Adam, ce qui évite de l'étouffer.

Lorsqu'on passe au niveau II, c'est que notre suspect est toujours combatif et refuse de coopérer en continuant de résister. Le positionnement des mains du policier et l'angle de ses bras augmenteront la pression exercée sur les veines jugulaires et la carotide, ce qui diminuera sa combativité.

Finalement, si on doit se rendre au niveau III, c'est que le suspect refuse toujours de coopérer ou de cesser de résister. À ce moment-là, la pression sera augmentée jusqu'à sa perte de conscience et son entrave avec des menottes.

La perte de conscience dure environ cinq secondes, ce qui laisse en général assez de temps pour maîtriser complètement l'individu. Heureusement, il revient ensuite à lui et ne souffre d'aucune séquelle de cette courte perte de conscience.

On analyse trop souvent l'utilisation de la force par les policiers en n'ayant aucune connaissance à cet égard et en ne possédant pas toutes les informations concernant l'événement qui y a mené.

Il est facile de juger les gens qui ont à prendre des décisions dans le feu de l'action et qui ont la plupart du temps très peu de temps à leur disposition. On ne devrait jamais juger précipitamment une action, tant et aussi longtemps qu'on ne possédera pas tous les faits et qu'on n'aura pas fait face à une situation périlleuse et dangereuse, où l'on doit compter sur sa force et sa forme physique pour réussir à sortir gagnant d'une situation où l'option de la défaite n'est pas envisageable. Et cela, vous allez voir, j'allais l'apprendre à la dure.

Lors de mon entrée à Nicolet, en septembre 1992, j'avais en poche trois promesses d'embauche pour lesquelles j'avais réussi tous les tests de sélection. Je pouvais donc opter pour la ville de mon choix où commencer ma carrière dans la police.

J'ai choisi la ville de Montréal. C'était mon tout premier choix. Je voulais travailler dans la grande ville. Et pas n'importe où dans la grande ville. Je rêvais depuis plusieurs années de travailler au centre-ville de Montréal.

Mon contingent a été engagé à l'été 1994, mais la ville nous a fait faux bond. Lors de la promesse d'embauche, on nous avait offert un poste permanent, mais, à la dernière minute, ils nous ont informés que le poste ne devenait plus permanent au bout d'un an de probation, mais était un poste temporaire. On a été les premiers policiers à souffrir des clauses dites orphelines.

Il était trop tard pour changer d'avis. En acceptant les promesses d'embauche de Montréal, on avait pour la plupart tourné le dos aux autres employeurs. Ils avaient déjà comblé les postes qu'ils nous avaient offerts.

Cette anicroche aurait dû être un signal d'alarme. J'aurais dû ouvrir les yeux. Mais j'étais jeune, fougueuse et je voulais tellement travailler dans cette ville.

Ce fut la première trahison de mes employeurs à mon endroit, mais non la dernière. Vingt ans plus tard, j'allais payer cher de leur avoir accordé toute ma confiance.

DANS LE BAIN AU POSTE 33

J'ai su que j'avais réalisé mon rêve quand, à l'été 1994, j'ai été officiellement assermentée comme policière devant mes parents et mes amis. Je flottais littéralement de bonheur, d'autant plus fière de mon cheminement qu'on m'avait assignée au secteur que je privilégiais, en plein centre-ville de Montréal.

Avant notre embauche, on nous avait donné l'occasion de choisir dans quel poste ou district on désirait débuter notre carrière. Comme mon plus grand rêve était de travailler au centre-ville, j'avais déclaré que mon premier choix était le district 33, le plus gros poste de police de la ville qui couvrait, entre autres, *la Main* montréalaise, le secteur le plus chaud de la ville. Chanceuse au-delà de mes espérances, c'est là que j'ai été assignée.

Avant d'effectuer ce premier choix, j'en avais longuement discuté avec mon père. Celui-ci, citant sa longue expérience, m'avait fortement déconseillé de choisir ce district. Il m'avait expliqué qu'il serait préférable que je commence ma carrière dans un district plus calme, où j'aurais le temps d'apprendre mon métier dans une ambiance plus sereine et où l'ancienneté de mes collègues aurait été moins grande.

Vous l'avez deviné, je n'ai pas écouté les conseils de mon père et j'allais le regretter amèrement, comme le futur allait me le démontrer.

Le district 33 était composé de policiers compétents, mais qui avaient de vieux principes. Je me suis retrouvée sur la relève numéro 5. Mon premier lieutenant était un homme d'une droiture exemplaire. Ancien militaire, il imposait le respect. Plusieurs de mes collègues m'avaient affirmé que je n'aurais pas de problèmes avec lui, car il aimait les gens proactifs et disciplinés.

Côté discipline, je n'avais aucun problème à suivre les ordres. Côté travail, je raffolais de mes tâches, alors je pensais que mon adaptation et mon intégration ne seraient pas difficiles.

La relève était composée de 35 personnes, la plupart des hommes. Il n'y avait pas beaucoup de policières, à l'époque, dans ce district. La relève était dirigée par trois sergents et le lieutenant.

Au début, je travaillais avec des policiers, dits fonctionnaires. Ceux-ci n'avaient pas d'auto-patrouilles attitrées. Les véhicules étaient réservés aux agents motorisés, ceux qui comptaient le plus d'ancienneté. Nous, les policiers temporaires, avions rarement l'occasion d'aller patrouiller sur la route.

Nous étions plutôt utilisés lors de services d'ordre et, comme il y en avait presque tous les jours dans le centre-ville, je peux vous l'assurer, on en marchait des kilomètres! Après environ quatre mois de ce régime, où je me suis retrouvée plus souvent qu'à mon tour à faire du bureau ou des services d'ordre, je devenais de plus en plus impatiente de me retrouver dans une auto-patrouille.

Pour justifier le fait que je me retrouvais à travailler à l'intérieur du poste plutôt qu'à l'extérieur plus souvent que les autres policiers temporaires, les officiers me disaient que j'étais excellente à l'intérieur et, qu'habituellement, les nouveaux policiers avaient plus de difficultés que moi à y faire bonne figure.

Je n'avais pas pris conscience, à ce stade de ma carrière, que l'entrée des femmes dans le service et la police en général était relativement récente. Ma conjointe, Marie-Claude, a été une des premières à franchir ce pas, et elle n'avait que neuf ans de plus de service que moi.

Je crois que j'ai provoqué une onde de choc chez certains confrères, surtout des officiers, qui étaient loin d'être enthousiastes à mon égard à mon arrivée. Il était clair que j'en dérangeais quelques-uns. Ceux que je dérangeais le plus étaient ceux qui détenaient du pouvoir sur moi. J'ai en effet su de certains de mes collègues que quelques officiers tentaient de me casser. Était-ce un traitement réservé à tous les temporaires ou ce traitement spécial avait-il été concocté parce que j'étais une femme ou parce que j'étais différente ?

Il faut dire que ce n'était pas de tout repos de travailler au 33 ; c'était un poste très occupé. Une vraie ruche à cause du grand nombre d'appels et du taux élevé de criminels dans le secteur. Le comptoir des citoyens était très fréquenté, surtout par des touristes qui avaient besoin d'aide ou de secours de toutes sortes.

Vers la fin de mon stage de six mois, on a finalement décidé de me laisser aller travailler dehors. Mon premier partenaire n'était pas excité à l'idée de travailler avec une femme. C'était un policier proactif, qui travaillait toujours consciencieusement et avec ardeur. Il avait eu de mauvaises expériences dans le passé et ne le cachait pas.

C'était évident que les officiers ne nous avaient pas mis ensemble pour lui faire plaisir ni pour me faciliter la tâche, moi qui étais une recrue. On voulait probablement voir si j'étais en mesure de suivre son rythme.

J'avais souhaité si longtemps de faire de la patrouille que mon enthousiasme a vite pris la place de toute angoisse. Surprise! Nous nous sommes entendus à merveille dès le début. Il a su me mettre à l'aise, et j'ai appris rapidement grâce à son expérience et à ses mots d'encouragement.

J'ai fini mon contrat de 675 heures obligatoires avec ce partenaire et, étant donné qu'il ne me restait pas beaucoup d'heures quand il m'avait été assigné, son analyse de mon travail n'a pas compté pour beaucoup lorsqu'on m'a évaluée.

J'étais pourtant contente et confiante. Du début à la fin de ces six mois, la plupart des collègues avec qui j'avais travaillé et les officiers que j'avais rencontrés m'avaient encouragée.

— Ça va bien, continue comme ça! me disaient-ils.

Personne ne m'avait demandé d'améliorer quoi que ce soit, ni sur le plan professionnel ni sur le plan de mon tempérament. J'en déduisais que notre statut de policiers temporaires, donc de nouveaux venus au service, rendait peut-être les évaluations moins rigides, parce que moins importantes que pour les policiers permanents. Que peut-être ces évaluations étaient faites avec moins de sérieux et de préparation. Je me trompais royalement.

On me convoque dans le bureau de mon lieutenant. Je suis un peu nerveuse. Il me rappelle qu'il y a trois verdicts possibles à l'évaluation : la permanence, un deuxième contrat de six mois ou la fin du contrat avec aucune permanence possible. Alors qu'il y va de ses commentaires, le verdict me frappe comme un coup à la tête, vlan! On recommande un deuxième contrat de six mois. J'ai foiré. Assommée, je me lève et quitte le bureau sans dire un mot.

Ce qu'on avait noté dans mon travail, c'est que je rencontrais parfois de la résistance et provoquais des tensions chez certains individus, personnes détenues ou citoyens, parce que j'étais une femme différente, qui sortait du moule, et parce que j'avais une allure androgyne.

Ce facteur avait joué contre moi. Parfois, les gens faisaient des commentaires blessants ou carrément offensants envers moi et j'avais de la difficulté à m'adapter à ce genre de comportement sans répliquer, sans réagir. Avec le temps, j'ai trouvé des trucs pour passer outre à ces remarques de nature misogyne ou homophobe. Elles m'affectaient de moins en moins.

J'ai failli à l'évaluation, car il aurait fallu que je montre que cet aspect du métier ne m'affectait pas. Que je savais passer outre aux remarques désobligeantes et aux insultes. Que je ne les prenais pas personnellement, comme on dit dans le langage courant. Par manque d'expérience, je m'en étais montrée incapable. Cela m'affectait. J'étais sensible aux remarques qu'on m'adressait, et tout bon policier doit savoir s'en accommoder et les recevoir comme l'eau glisse sur les plumes d'un canard.

Il fallait maintenant que j'annonce cette décision à ma famille. Quelle déception et quel retard évident et imprévu à ma carrière !

J'étais tellement déçue que j'ai remis mon choix de carrière en question. Je me suis réellement posé la question : est-ce que je devais persévérer ou mettre mon rêve de jeunesse en veilleuse et réorienter complètement ma vie professionnelle ?

Plusieurs collègues du poste 33, y compris mon premier partenaire, m'ont encouragée à continuer, m'affirmant que j'avais tout pour réussir une belle carrière dans la police. Que je n'avais qu'à me reprendre, que cela arrivait à la plupart des nouveaux policiers. Ma famille, elle, accepterait ma décision, quelle qu'elle soit.

Il ne tenait qu'à moi de décider. C'était à moi de prendre l'ultime décision. Après mûres réflexions, la passion qui m'habitait depuis toujours pour cette profession a eu raison des craintes et des doutes qui me hantaient à cause de mes débuts difficiles.

Mais il fallait que j'attende qu'on me rappelle pour reprendre mes six mois d'apprentissage. J'ai dû patienter pendant 10 mois, mais je n'ai pas chômé entre-temps.

ENFIN PERMANENTE!

Le coup de téléphone tant attendu est arrivé au printemps 1995. Durant les neuf mois précédents, j'avais mis en pratique les connaissances acquises durant mes six premiers mois dans la police, à la Société de transport de Montréal comme agente de surveillance.

Après une courte formation, j'ai patrouillé sur toutes les lignes de métro de Montréal. Ce fut une expérience de travail enrichissante et excitante, que je voyais comme une préparation parfaite pour mon retour, que je voulais définitif, dans la police de Montréal.

C'était un monde complètement différent de celui de la police. J'y ai côtoyé des agents fabuleux, accueillants et disponibles pour aider une jeune recrue à s'acclimater à un nouvel environnement de travail.

Ces mois passés dans le Montréal souterrain m'ont rapporté beaucoup. J'y ai puisé d'innombrables connaissances pratiques, qui allaient me servir tout au long de ma carrière dans la police. Ce n'était pas un milieu hostile envers moi, et cela m'a appris à réagir de la même façon quand il fallait intervenir, ce qui se produisait assez fréquemment.

J'y ai appris à me maîtriser en tout temps, ce qui m'a fait oublier ma déception d'avoir failli à ma première évaluation dans la police. Cela m'a appris à transformer une situation décevante en une expérience positive.

Lorsque j'ai quitté cet emploi, mes camarades de travail m'ont fait savoir qu'ils avaient apprécié ma personnalité et mon énergie. C'est donc gonflée à bloc qu'au printemps 1995, j'ai enfin reçu l'appel de la police de Montréal, qui m'offrait mon deuxième contrat.

Avant d'accepter de reprendre du service pour six mois, j'ai demandé candidement à la représentante des ressources humaines :

— Est-ce que je peux changer de district pour ce deuxième contrat ?

Sa réponse a été sans appel :

— Non, Madame, vous ne pouvez pas. Vous devez retourner au district 33.

Il est évident que j'aurais aimé avoir une tout autre réponse, mais, bon, j'ai accepté. J'étais donc de retour au 33 sur une relève différente, en l'occurrence la relève 3.

J'ai effectué tout mon contrat en restant la plus discrète possible. Je me suis appliquée comme jamais. J'aurais même tenté de me fondre dans le mur si on me l'avait demandé. J'ai tout fait pour pouvoir sortir de ce district avec ma permanence en poche.

Ce deuxième contrat a été plus facile que le premier. On m'a permis de faire valoir mes compétences et mes qualités en patrouillant dans les rues du centre-ville comme un policier temporaire est censé le faire. Avoir des partenaires fixes dès mon arrivée a facilité l'évaluation à venir de mes supérieurs.

J'ai enfin obtenu ma permanence. Je n'avais qu'une idée en tête, faire une demande de mutation pour changer de district. Ma demande a été acceptée en décembre 1995, et je suis partie de là avec grand soulagement.

On venait de m'enlever un gros poids sur les épaules. Je sortais d'une succession de frustrations que je ne voulais plus vivre, mais que je ne pouvais oublier.

Par exemple, quand je suis entrée au poste 33, j'étais une fumeuse. Je possédais un briquet de marque *Zippo*, cadeau d'un de mes proches. Je l'aimais bien et je l'utilisais tous les jours. J'ai appris, lors de mon deuxième contrat, que ce briquet avait fait beaucoup jaser. Que l'on chuchotait que l'utilisation de cette sorte de briquet dénotait un comportement anormal pour une femme. Autrement dit, ce briquet était trop masculin pour une femme.

Puis-je vous dire que, lorsque j'ai su que mon *Zippo* dérangeait à ce point, je l'ai remisé tout de suite ? Je l'ai toujours, mais je ne m'en sers plus jamais.

LE DISTRICT 31, UNE VRAIE BÉNÉDICTION

Ma mutation au district 31 dans le quartier multiethnique de Côte-des-Neiges a été une vraie bénédiction pour moi. Elle a marqué le début officiel de ma carrière et m'a permis de devenir une policière sérieuse et compétente.

Tout de suite intégrée à une bonne relève de travail, avec des collègues qui m'acceptaient telle que je suis, j'ai pu profiter au maximum de leur expérience. J'ai pu apprendre plus sereinement. Mieux soutenue qu'à mes débuts au poste 33, j'ai acquis de l'expérience graduellement et de façon continue.

J'étais entourée d'une merveilleuse équipe de jeunes et de vétérans policiers motivés, qui m'ont prise sous leurs ailes, et j'ai pu, enfin, m'épanouir et reprendre tranquillement de l'assurance. J'ai pu développer mes habiletés à leur plein potentiel et les mettre à contribution lors de mon travail de tous les jours dans mon quartier de patrouille.

Avec le temps, beaucoup de temps, un policier devient de plus en plus confiant en ses moyens et peut, ainsi, se bâtir une éthique de travail bien à lui. Il développe ses propres préférences. Pour certains, c'est de travailler à la circulation. D'autres vont découvrir qu'ils aiment s'attarder aux crimes, aux problèmes causés par la drogue.

En ce qui me concerne, j'aimais toucher à tout. Et je savais d'instinct que j'avais beaucoup de qualités que l'on retrouve chez ceux qui démontrent du leadership.

Chaque fois que l'on m'offrait la chance d'occuper une fonction supérieure à la mienne, je ne refusais jamais. J'ai pu ainsi élargir mes connaissances générales en occupant des fonctions différentes. Dès qu'il manquait un officier, pour quelque raison que ce soit, je sautais sur l'occasion. Je me familiarisais avec le travail d'officier de poste.

J'étais une policière motivée et toujours ouverte à apprendre, et cela plaisait à l'ensemble de mes confrères de relève. Mon intégration et mon adaptation au district 31 se déroulaient tellement bien, sans embûches particulières, que j'ai dû avouer à mon père qu'il avait eu raison de me déconseiller de commencer ma carrière dans le centre-ville. Que si je l'avais écouté, je me serais évité beaucoup de soucis, de stress et de déceptions.

Pourtant, la réputation négative que je m'étais faite au district 33 m'avait précédée. Quand je suis arrivée dans Côte-des-Neiges, certains de mes officiers m'ont affirmé avoir été prévenus de mon caractère particulier.

Je suis reconnaissante envers eux qui, nonobstant ce qu'ils avaient entendu dire, m'ont donné ma chance de me faire valoir en me fournissant les bons outils et en m'offrant leur soutien.

Ces officiers, quand ils notaient certains aspects de mon travail à améliorer, prenaient la peine de me rencontrer et de m'en faire part. On discutait de leurs observations et ils me conseillaient, contrairement à la froide attitude que j'avais connue. Grâce à eux, j'ai bénéficié d'un bon encadrement et j'ai pu parfaire mes habiletés générales et réussir à être appréciée de mes collègues de travail.

Ces années au district 31 m'ont permis de m'établir à titre de policière sérieuse et compétente dans un climat de travail favorable à mon épanouissement.

Ce secteur de la ville, constitué de pas moins de 90% de communautés culturelles différentes, était assez mouvementé. C'était un défi de tous les jours de seulement se faire comprendre par les citoyens. Beaucoup étaient allophones, et il fallait user d'ingéniosité pour arriver à se faire comprendre et à faire notre travail convenablement.

On avait l'habitude de dire que si tu étais capable de travailler dans ce quartier avec succès, tu pourrais aller travailler à titre de policier partout dans le monde.

J'ai passé les cinq premières années de mon service dans ce quartier à perfectionner mes connaissances juridiques, opérationnelles, relationnelles et administratives. J'ai acquis beaucoup de connaissances et développé assez de compétences pour que l'on me confie la formation sur le terrain des jeunes recrues qui arrivaient dans notre relève.

J'adorais transmettre mes connaissances et je me faisais un devoir de veiller à ce que leur intégration se fasse avec douceur et respect. Je ne me souviens pas combien de recrues j'ai pu former au cours de ces années, mais je me rappelle combien cette tâche me comblait. J'ai toujours adoré travailler avec des jeunes motivés et impatients de passer à l'action.

Ils étaient comblés à mes côtés, étant donné que j'étais une policière d'action. J'étais travaillante, acharnée et entièrement dévouée. Ils n'avaient pas le temps de s'ennuyer lors de leur quart de travail.

Prenant de plus en plus d'expérience et d'assurance, j'ai commencé à créer des liens avec les citoyens du quartier, les commerçants à qui je rendais régulièrement visite et les habitants de mon secteur.

Je me suis ainsi intégrée peu à peu aux diverses communautés et j'ai tout fait pour leur montrer à faire confiance aux policiers. La plupart d'entre eux venaient de pays où l'oppression, la dictature et les régimes militaires règnent en maître et ils avaient par nature une peur absolue de la police. Il fallait être patients, diplomates, et leur prouver par nos agissements que leurs craintes n'étaient pas fondées, qu'ils pouvaient avoir confiance en nos autorités.

Cela a pris un certain temps, mais j'ai réussi à échanger avec un grand nombre d'entre eux. Ils venaient volontairement me demander des renseignements, d'autres m'arrêtaient juste pour jaser. Ils venaient à ma rencontre dans la rue, dans les immeubles résidentiels, dans les commerces, bref, partout où je patrouillais.

J'ai pris conscience de la confiance qu'ils me témoignaient, un certain hiver, quand plusieurs m'ont approchée pour me faire part du haut niveau d'inquiétude et de peur qui régnait dans le quartier, plus particulièrement sur l'avenue Barclay, à l'est du chemin de la Côte-des-Neiges. Cette rue, constituée de plusieurs bâtiments résidentiels habités pour la plupart par des familles avec enfants en bas âge, était la scène d'une série d'incendies criminels. C'était la période des fêtes et plusieurs résidents, paniqués, sont venus me voir et m'ont implorée de faire quelque chose contre cette menace qui les empêchait de bien dormir la nuit.

Je comprenais leur désespoir et l'urgence de la situation. J'ai approché mes officiers. Je leur ai fait part des craintes que vivaient ces gens et leur ai fait une proposition. Puisque c'était bientôt à mon tour de passer au quart de nuit, je leur ai proposé de me dégager de ma patrouille habituelle et de me permettre de travailler en civil, dans un véhicule non identifié, pour effectuer discrètement de la surveillance sur cette rue.

Malgré le manque de personnel qu'on connaissait dans le district, mes officiers ont accepté ma proposition. La seule condition, j'allais devoir travailler seule.

En faisant cette surveillance, j'ai été en mesure de constater que les feux étaient toujours allumés de la même façon, avec les mêmes matériaux et presque toujours au même endroit près des immeubles. Le pyromane utilisait des dépliants publicitaires laissés dans les portiques des immeubles. Il se servait d'allumettes et il frappait toujours entre 1 h et 5 h du matin. Toujours du côté nord de la rue, le côté sombre de la rue, car les lampadaires sont situés de l'autre côté.

Après avoir colligé ces informations, je me suis positionnée de façon stratégique et j'ai accentué ma surveillance sur le côté nord de la rue. C'était une période de froid glacial ; je ne pouvais pas laisser tourner le moteur de mon véhicule afin de ne pas attirer l'attention.

Deux quarts de travail ont passé sans aucun incident. La troisième nuit, je me suis installée dans ma voiture, moteur éteint, même s'il faisait extrêmement froid. Vers 2 h, j'ai soudainement aperçu une ombre imposante se glissant lentement sur le trottoir nord en ma direction. J'ai ouvert l'œil. L'individu s'est arrêté à la hauteur de mon véhicule. Il ne m'a pas remarquée à l'intérieur. Il portait un grand manteau noir, qui lui descendait jusqu'aux genoux, et une tuque. Son habillement était sombre comme l'étaient la rue et ses environs. Il était très grand, très imposant, de race noire et âgé de plus ou moins 50 ans.

Il a continué son chemin pendant un moment, puis s'est arrêté de marcher en regardant constamment autour de lui. Puis, il s'est dirigé vers un immeuble à logements. Je suis discrètement sortie de mon véhicule et me suis approchée le plus possible de l'immeuble où il était entré.

Je devais agir avec prudence. S'il était le pyromane, il allait vite ressortir de l'immeuble. Mais je devais m'assurer qu'il avait commis une infraction avant de pouvoir faire quoi que ce soit.

Je me suis cachée derrière un arbre et, effectivement, il est ressorti après quelques minutes et d'un pas rapide, cette fois. J'ai attendu qu'il s'éloigne un peu et j'ai couru dans l'immeuble. Une odeur de fumée s'échappait du portique. J'y suis entrée et ai constaté que c'était bien le pyromane qui venait de frapper. J'ai éteint le début d'incendie, j'ai appelé des renforts et je suis sortie en courant de l'immeuble. Il était déjà rendu loin, mais je le voyais. J'ai couru le plus vite possible pour le rejoindre tout en donnant ma position et la description du suspect. Il était rendu au coin des rues Barclay et Darlington et il marchait très rapidement. Tout à coup, il a changé de direction et a tenté de s'enfuir à l'arrière d'immeubles en empruntant une ruelle.

C'était trop dangereux pour moi de m'aventurer là. J'ai attendu les renforts. Malheureusement, il avait filé.

J'ai poursuivi mon travail d'observation pour le reste de mon quart de travail en me mordant les pouces. Je ne l'ai pas revu et il n'y a pas eu d'autre tentative d'incendie ce soir-là. Heureusement, grâce à la description que j'ai été en mesure de fournir aux enquêteurs, il a été appréhendé la semaine suivante, non loin d'un autre incendie criminel.

L'individu arrêté était bien connu du milieu policier pour divers crimes, dont incendies criminels. Il n'habitait pas le quartier et lorsqu'il est passé au bertillonnage, la prise de ses empreintes digitales, il n'en possédait plus tellement ses doigts étaient brûlés. Il a été trouvé coupable et envoyé derrière les barreaux.

J'ai été félicitée par tous pour mon initiative et mes efforts dans cette histoire. Et que dire de la satisfaction personnelle d'avoir pu mettre fin à cette vague d'incendies criminels avant qu'il y ait de malheureuses victimes.

Quand je suis entrée dans la police, je désirais pouvoir servir et protéger les gens dans l'immédiat et dans le concret. Pour y arriver, il faut apprendre à connaître les citoyens et les commerçants que l'on sert. Il faut aller à leur rencontre et persévérer afin d'établir un lien et entretenir ces liens avec eux. Avec le temps, on réussit à comprendre leurs besoins et on peut leur offrir un service conséquent à leurs attentes.

J'ai passé cinq années au district 31 et elles furent majoritairement consacrées à la patrouille et à des fonctions supérieures à l'intérieur du poste. À la fin de ces années, j'avais énormément évolué.

J'ai été confrontée à des situations difficiles. J'ai répondu à toutes sortes d'appels plus bizarres les uns que les autres. J'ai participé à plusieurs interventions dangereuses. J'y ai acquis une énorme banque de connaissances et d'expériences qui ont fait de moi une policière plus assurée, plus prévoyante.

J'étais prête pour un changement de direction. Mes confrères plus vieux répétaient sans cesse qu'après avoir passé cinq ans dans un même district, il fallait changer d'air pour ne pas tomber dans la routine, parce que la routine tue.

J'ai décidé de suivre cette recommandation. J'ai quitté le district Côte-des-Neiges et suis retournée à mes vieilles amours, le bas de la ville de Montréal.

TOUT UN DÉFI QUE LE POSTE 22

Quand j'ai quitté le district 31 au printemps 2000, on était rendu à l'ère des postes de quartier et j'avais le choix entre plusieurs de ces postes. J'ai opté pour le poste 22, situé rue Papineau, au pied du pont Jacques-Cartier, dans le Centre-Sud de Montréal.

Le secteur couvert par le poste 22 est délimité au nord par la rue Sherbrooke, à l'ouest par la rue Amherst, au sud par le fleuve Saint-Laurent, à l'est par la rue Moreau, et il inclut le Village gai. Ce qui m'a attirée là, c'est le type de criminalité qu'on y retrouvait.

On y était confronté à tous les problèmes sociaux associés à la pauvreté, la maladie mentale, la violence, la drogue et la prostitution, aussi bien juvénile, féminine que masculine. Il était impossible de s'y ennuyer si on aimait relever des défis, et j'aimais de plus en plus en relever.

Lorsqu'on arrive dans un nouveau quartier, il faut toujours se donner une période transitoire pour s'acclimater au changement. D'un quartier à un autre, les façons de faire à l'interne diffèrent. Il faut donner le temps à tout un chacun de se connaître, car il y a beaucoup de mouvements quand vient le temps des mutations de personnel dans la police.

Il n'est pas rare de voir arriver plusieurs nouveaux visages au poste et, pour que le travail soit efficace, il faut une coordination et un équilibre entre les membres d'une même relève. Il faut apprendre à connaître les champs d'intérêt des autres pour répondre aux attentes de nos supérieurs à titre de groupe. C'est seulement ainsi que tous les aspects du travail à accomplir sur le terrain seront couverts. Lorsqu'on arrive dans un groupe de travail, il est primordial d'essayer de se trouver un partenaire qui a sensiblement les mêmes intérêts que soi. Cela facilite grandement la tâche.

Quand je suis arrivée au 22, il y avait déjà plusieurs collègues qui travaillaient ensemble et, comme on défait rarement un duo qui performe, j'ai pris sous mon aile quelques recrues engagées à titre de policiers temporaires pour la durée de l'été.

J'ai encore trouvé cela très gratifiant de contribuer à la formation de nouveaux agents, car c'est une tâche qui comporte énormément de responsabilités et qui demande beaucoup d'assurance et d'expérience. Lorsqu'on travaille avec un jeune policier, il faut toujours avoir en tête que celui-ci commence sa carrière. Il a peu de vécu dans la police et on ne sait jamais comment il va réagir devant différentes situations.

Notre travail est toujours imprévisible et il comporte un certain degré de danger. Si l'on rajoute à cela un partenaire peu ou pas expérimenté, on doit constamment augmenter sa vigilance et prévoir l'imprévu. C'est la principale raison pour laquelle plusieurs policiers d'expérience n'aiment pas travailler avec les plus jeunes.

Pour ma part, j'adorais travailler avec eux. Transmettre mes connaissances faisait maintenant partie intégrante de mon travail quotidien et ça me convenait parfaitement.

C'était conséquent à ma formation. Au début de ma carrière, j'avais trouvé mon intégration dans la police très difficile, comme je vous l'ai expliqué. Je n'avais pas particulièrement aimé la façon dont on m'avait accueillie et la manière dont on m'avait traitée.

Je m'étais dit que le jour où on me confierait un jeune policier, je m'assurerais de ne pas l'accueillir et de ne pas le traiter de la même façon.

C'est tout à fait compréhensible que le Service de police de Montréal voie comme priorité essentielle de former ses recrues adéquatement. On les a choisies et on investit beaucoup de temps et d'argent pour développer leurs talents.

Ils se sont probablement aperçus, au fil du temps, qu'il y avait des lacunes à combler de ce côté. Ils ont vu la nécessité de valoriser les agents formateurs et ont créé une nouvelle fonction, l'agent senior.

Ces agents ont la responsabilité de voir à la formation acquise lors du travail sur le terrain. Ils ont à évaluer la performance des jeunes policiers sur divers critères préétablis. Et ils veillent maintenant à ce qu'ils apprennent avec un même partenaire, ce qui faisait défaut par le passé.

Une autre responsabilité de l'agent senior est celle d'assumer le rôle de superviseur de quartier, donc de sergent. Un jour, il est agent comme le reste de sa relève et, le lendemain, il est le sergent, donc le patron.

Cette fonction est très particulière, car elle place l'agent senior entre l'arbre et l'écorce. C'est une situation complexe, car, dans le service, soit tu es un agent, soit tu es un officier. Auparavant, il était mal vu d'être trop proche des officiers et que ceux-ci se mêlent à la relève à l'extérieur du cadre du travail.

Avec le temps, les choses ont changé. Avec l'instauration des postes de quartier, les groupes de travail sont devenus beaucoup plus petits et le nombre d'officiers par relève est passé de quatre à un. Les contacts se sont donc multipliés et personnalisés entre les agents et les officiers.

Le modèle de police de quartier a également altéré la chaîne de commandement. Il n'y avait plus de lieutenant sur chaque groupe de travail. Il n'en restait qu'un, et ce dernier ne se consacrait plus au travail sur la route comme avant. Il demeurait à l'intérieur et s'occupait du travail administratif.

Je n'ai pas postulé pour occuper la fonction d'agent senior. Je ne me sentais pas prête et, si j'avais obtenu ce poste, je considérais que cela m'aurait fermé la porte à plusieurs autres options.

Celui qui occupe le poste d'agent senior n'est pas dégagé de ses tâches pour faire partie d'un groupe d'intervention, à moins de pouvoir y évoluer à titre de sergent du groupe. La composition de ces groupes d'intervention se fait à l'interne dans chaque poste de quartier. Le travail peut s'effectuer sur un horaire différent de celui des relèves et se fait souvent en civil.

C'est cela qui m'intéressait. En faire partie offrait de belles occasions à un agent puisque cela lui permettait de varier son quotidien et d'être dégagé pour s'attaquer plus directement à des problèmes qu'il aimait tenter de résoudre. Durant ma carrière, j'ai participé à trois de ces groupes de travail et les trois m'ont fait vivre des expériences enrichissantes.

La fonction d'agent senior permet beaucoup moins de travailler avec un partenaire permanent et ce fait, à lui seul, m'a fait décider de mon orientation. Je n'avais pas assez expérimenté à mon goût les bienfaits de travailler avec le même partenaire.

C'est le souhait de beaucoup de policiers de pouvoir trouver un partenaire fixe, pour ainsi dire, et c'était le mien.

Un policier passe plus de temps avec son partenaire qu'avec ses proches, et je peux vous dire que ça peut être très long un quart de travail assis à côté de quelqu'un avec qui on a peu ou pas d'affinités ni de champs d'intérêt communs. Si l'on réussit à trouver le bon partenaire, avec lequel on passe des heures et des heures sur la même longueur d'onde, on vient de se faciliter la tâche. Le métier devient un peu moins difficile et on augmente de beaucoup notre niveau de sécurité. L'on est assuré que chaque membre du duo verra à protéger son compagnon.

On sait qu'on a trouvé la bonne combinaison quand on sait comment notre partenaire va réagir devant telle ou telle situation, lorsque ses faiblesses sont nos forces et que nos faiblesses sont ses forces. Là, on sait que notre duo sera solide et efficace.

J'ai réalisé cette combinaison parfaite à deux reprises au cours des années passées dans le quartier Centre-Sud.

À cette époque, mon père Pierre se mourait d'un cancer. Ce fut une période extrêmement difficile d'affronter sa souffrance et sa mort. J'ai vu à quel point cette maladie peut prendre possession d'un homme fort et courageux et l'amener jusqu'à sa fin. Il s'est battu avec hargne et acharnement pour vaincre le monstre. Il n'était pas prêt à partir. Il avait encore beaucoup de rêves inassouvis. Nous non plus, on n'était pas prêts à le laisser partir.

Il a mené son combat durant trois longues années sans jamais baisser les bras. Je me souviens qu'au début de sa maladie, son oncologue lui avait dit :

— Vous n'en avez que pour six mois à vivre et les traitements ne vous seront d'aucune aide.

— Donnez-moi des traitements quand même, je veux me battre ! avait-il aussitôt rétorqué.

Il a prolongé sa vie de trois ans avec les traitements en question, mais quelles souffrances il a endurées en silence. Malgré le sombre verdict du médecin, c'est lui qui est resté le plus fort dans la famille devant sa situation. C'est lui qui nous encourageait sans cesse, qui nous disait que tout allait bien se passer. Il n'avait que 60 ans lorsqu'il nous a quittés.

J'ai vécu mon deuil ne sachant pas trop à quoi m'attendre étant donné mon inexpérience face à ce processus irréversible qu'est la mort. Il était mon guide, mon modèle, mon protecteur et mon conseiller. Je suis retournée au travail dès la semaine suivante. C'était peut-être trop tôt. J'aurais probablement dû consulter pour m'aider à traverser ce passage obligé de la vie.

J'ai vécu une profonde phase de révolte face à sa mort. Comme policier, on essaye toujours de laisser nos problèmes personnels à la maison avant de commencer son quart de travail. J'avais toujours réussi à le faire, jusque-là. Mais sa mort avait tout changé.

Ce fut un processus assez long et assez douloureux. Je dirais que pendant au moins un an, j'ai vécu beaucoup de révolte intérieure. Je ne comprenais tout simplement pas pourquoi Il était venu chercher un homme bon et apprécié, généreux, et soucieux des hommes et des femmes qui travaillaient sous ses ordres. Ça ne me sortait pas de l'esprit.

C'est évident que l'on traîne avec nous nos émotions, nos sentiments, même si on est policier. Pendant que l'on vit ces situations, on peut être moins en forme, moins tolérant, moins patient et c'est dans ces moments-là qu'on souhaite avoir un bon partenaire, ainsi qu'un bon officier pour nous soutenir.

Il y a des événements dans une vie qui nous changent, nous façonnent en quelque sorte et, pour moi, la mort de mon père en a été un majeur. J'ai encore de la difficulté à accepter sa disparition et pas un jour ne passe sans que j'aie une pensée pour lui.

Cette période de grand bouleversement dans ma vie privée n'est pas venue seule. Je me suis séparée de mon amie du temps après plus de six ans de relation. Ce qui sauvait la mise, c'est que du côté professionnel, j'avais trouvé un partenaire de travail fixe. C'était rassurant d'avoir au moins cela de stable dans ma vie. Il faut dire que je ne suis pas le genre de personne qui aime les changements en général. J'aime toujours les mêmes choses dans la vie. Si j'aime un plat dans un restaurant, je prends toujours ce plat. Je suis fidèle à mes habitudes. Je buvais toujours la même bière, fumais les mêmes cigarettes.

Pour tout dire, je suis le genre à m'entourer d'un univers stable. J'aime l'équilibre que cela apporte. Après la mort de mon père et ma séparation, j'ai vécu une certaine insécurité, j'ai ressenti un grand malaise.

Ma nouvelle partenaire, une policière, a été d'un secours inestimable pour m'aider à réfréner ce malaise et à accomplir des tâches où l'on passe le plus clair de son temps à résoudre les problèmes des autres. Pour être un policier efficace et équilibré, il faut avoir une hygiène de vie personnelle adéquate. Comme l'équilibre est la chose la plus difficile à atteindre dans la vie, il faut minimiser les facteurs aggravants au maximum. Il est trop facile de tomber dans les abus de toutes sortes face à l'adversité de la vie. L'avantage de pouvoir compter sur une partenaire fixe et compréhensive comme elle se manifestait sur le plan de notre rendement. On pouvait plus facilement entreprendre de résoudre les problèmes récurrents que l'on rencontrait lors de nos patrouilles.

Rendue à ce stade de ma carrière, c'est certain que j'avais hérité d'une réputation. Certains disaient que j'étais arrogante et intimidante. D'autres trouvaient que je n'avais pas froid aux yeux et que je ne reculais devant personne. J'étais aussi reconnue pour oser aller là où les autres policiers ne voulaient pas aller. Je n'ai jamais eu de problème à avoir des partenaires de travail quand ils apprenaient à me connaître. Ils m'appréciaient et savaient qu'ils étaient en sécurité avec moi.

Il faut dire que je n'avais aucune limite. Il n'y avait aucun endroit dans mon secteur où je craignais de me présenter, aucune place où je n'allais pas faire un tour. Par exemple, j'aimais aller dans les piqueries, qui poussaient comme des fleurs au printemps dans mon secteur de patrouille. Je les visitais à tous mes quarts de travail, même si elles étaient fréquentées par la lie de la société. On y consommait des drogues dures par intraveineuse. On y retrouvait toutes sortes d'individus qui, la plupart du temps, avaient élu domicile dans un bâtiment abandonné pour pratiquer leur commerce de la drogue, ce qui, en plus d'être illégal, représentait un danger évident pour l'habitation.

Ma partenaire et moi, on arrivait à dépister ces endroits en effectuant de la surveillance, en repérant les immeubles vacants ou en obtenant des informations en conversant avec certains de ceux qui les fréquentaient.

Une de ces piqueries ressortait du lot. Elle était située au coin des rues Papineau et Ontario, juste à l'entrée du pont Jacques-Cartier. Contrairement aux autres piqueries, cet endroit n'avait pas l'air abandonné.

Après avoir observé l'endroit à distance pendant un certain temps, on s'est rendu compte qu'il était fréquenté par de nombreuses prostituées. L'immeuble était vaste et tous les appartements qui s'y trouvaient servaient d'abri et de logement aux utilisateurs de drogues dures.

L'endroit était source d'inquiétudes pour les résidents du secteur. Plusieurs nous confiaient, dans l'anonymat, que tout le voisinage vivait dans l'insécurité. Ils citaient le cas des enfants qui, pour se rendre à l'école, devaient croiser toute cette panoplie d'individus de toutes sortes, qui adoptaient des comportements erratiques à cause de leur usage ingérable de drogues.

Quand l'aube se lève, un héroïnomane ou un cocaïnomane fera tout pour trouver le moyen de s'injecter sa première dose de la journée, sinon, il devient très malade. C'est la raison pour laquelle les activités criminelles comme la prostitution, la vente de drogues et les vols augmentent considérablement à ces heures.

Comme l'école du quartier était située à moins de 500 mètres de cette piquerie, nous avons décidé, ma partenaire et moi, de la faire fermer.

On avait déjà fermé plusieurs piqueries situées dans des immeubles abandonnés et en décrépitude qui représentaient, en plus, de grands risques d'incendie. Il était urgent de les fermer et, surtout, de faire le suivi pour qu'elles le demeurent. Il était relativement facile de les fermer si on s'en donnait la peine. Ces propriétés abandonnées n'avaient plus de propriétaires. On demandait alors l'assistance de la ville, ainsi que du service d'incendie, qui s'occupait de barricader ces lieux impropres et dangereux.

Dans le cas de la piquerie de la rue Papineau, ce n'était pas pareil. Après quelques recherches effectuées auprès du service d'urbanisme de la ville, on s'est rendu compte que l'immeuble avait un propriétaire. Nous avons réussi à rejoindre son fils, qui nous a expliqué que son père, gravement malade, avait cédé la gestion de l'immeuble à ses enfants par procuration. L'immeuble et le terrain faisaient partie de leur héritage. Nous lui avons expliqué la situation. Nous lui avons suggéré d'y voir puisque l'immeuble était en dégradation, que tous les logements avaient été saccagés.

Il nous a expliqué qu'il ne s'en était pas occupé personnellement, qu'il avait plutôt fait confiance au concierge qui travaillait pour le père depuis plusieurs années. Et, qu'effectivement, cela faisait plusieurs mois qu'il n'avait pas reçu d'entrées d'argent des loyers que celui-ci était censé percevoir.

Cet endroit était une vraie mine d'or pour les trafiquants de drogue. Selon nos renseignements, il s'y vendait pour 5 000 $ de drogues différentes par période de 8 heures. Il s'y trouvait plusieurs vendeurs qui se relayaient pour assurer une vente continue de stupéfiants et nous soupçonnions que la drogue provenait d'un bar situé tout près.

Nous avons convenu d'une date pour procéder à l'éviction des occupants de l'immeuble avec le fils du propriétaire. Ce jour-là, munis d'une procuration, nous avons procédé à l'expulsion de tous les individus présents. Après vérification de leurs identités, plusieurs ont été arrêtés sous divers mandats émis contre eux. Les autres ont été libérés et bien avisés de ne plus y mettre les pieds.

Alors que nous procédions à vider l'endroit de sa racaille, plusieurs voisins de l'immeuble, particulièrement ceux qui partageaient leur cour arrière avec la piquerie, se sont mis, à notre grand étonnement, à nous applaudir et à crier leur satisfaction de voir qu'on venait de les sortir de l'enfer quotidien qu'ils vivaient à cause cet endroit malsain.

J'étais stupéfaite de constater qu'on nous félicitait pour notre intervention. C'était bien la première fois que j'expérimentais une telle reconnaissance. Pour notre part, on était heureuses d'avoir pu contribuer à améliorer le sentiment de sécurité chez ces gens. On avait redonné le quartier à ses citoyens, qui en étaient rendus au point de ne même plus se plaindre, car rien de concret n'aboutissait, et ce, depuis plusieurs mois.

Dans les jours qui ont suivi la fermeture de la piquerie, nous avons croisé plusieurs individus qui fréquentaient l'endroit et plusieurs nous ont fait la remarque que, malgré plusieurs perquisitions effectuées auparavant à cet endroit par la Section des stupéfiants, l'endroit avait continué d'opérer. On était fières de nous. Ça n'avait pris que deux policières, deux femmes, pour fermer la place.

C'était en plein le genre de problématique auquel j'aimais m'attaquer. C'était pour cela que j'avais tant désiré être policière. Et c'était dans ce genre de situation que je retirais le plus de satisfaction de mon travail.

L'immeuble de la rue Papineau se trouve toujours au même endroit. Il a été rénové au grand complet. Il a maintenant fière allure et a redonné sa beauté et son architecture au quartier.

Qui sait ce qui en serait advenu si on n'avait pas décidé de le retirer des griffes du milieu criminel. Je suis portée à croire qu'il serait devenu comme beaucoup d'autres bâtiments à Montréal : dangereux, insalubre et impropre à l'habitation, comme il était sur le point de le devenir avant notre intervention.

Ma partenaire et moi avons résolu plusieurs autres problèmes similaires au cours des quelques années où nous avons patrouillé ensemble dans ce secteur chaud de la ville. Mais cela ne faisait pas l'affaire de tous, tant à l'interne qu'à l'externe du service. La nature humaine étant ce qu'elle est, d'aucuns placotaient contre nous quand on avait le dos tourné. Cela ne me dérangeait plus. Je m'étais faite à l'idée qu'on ne peut empêcher les gens de parler et je savais que lorsqu'on travaille avec ardeur et qu'on est déterminés à connaître du succès, l'on fait souvent l'envie des autres.

Je savais maintenant, parce que plusieurs m'en avaient parlé, que ma personnalité forte et souvent ma seule présence mettaient certains de mes confrères, agents ou officiers mal à l'aise.

J'effectuais pourtant toujours le travail pour lequel j'étais rémunérée et je ne contrevenais jamais aux ordres d'un supérieur. C'est certain, et ce depuis toujours, je n'avais pas la langue dans ma poche et je ne reculais devant rien ni personne. Je comprenais que cela pouvait déranger, d'autant plus que j'étais toujours en excellente forme physique. À preuve, j'ai toujours joué dans une ligue organisée de hockey et, lorsque les Jeux mondiaux des policiers et pompiers ont été tenus à Québec en 2005, j'ai remporté une médaille d'argent à l'épreuve de développé couché (*bench press*) de 82,5 kilos et moins.

J'avais grandi en me bâtissant une armure pour me protéger le mieux possible contre le sort qu'on réserve aux personnes qui ne cadrent pas dans les critères dits normaux. Mais je n'étais pas Hulk. Je n'étais pas invincible. J'étais un être humain, et une femme après tout. J'étais maintenant rendue au stade de ma vie où j'avais accumulé assez de vécu pour comprendre que cette armure ferait maintenant partie intégrante de ma vie de tous les jours. Que je ne m'en départirais jamais, car beaucoup de gens sont haineux, méchants et méprisants envers ceux qui sont différents.

Nonobstant la réticence de certains confrères à mon endroit, mes rapports avec les citoyens de notre quartier étaient très positifs. Plusieurs d'entre eux m'aimaient bien et trouvaient que je m'occupais de leurs problèmes. Ils me disaient :

— Grâce à vous, nos enfants peuvent jouer dans les parcs sans tomber à tout bout de champ sur des condoms ou des seringues souillés. Vous avez nettoyé les trottoirs, et maintenant on peut déambuler le soir sans se faire harceler sous toutes sortes de prétextes.

C'était vrai, avec ma partenaire, nous avions réussi à améliorer leur qualité de vie, à rétablir la paix et la sécurité dans le quartier.

Les criminels, pour leur part, nous aimaient beaucoup moins. On avait rendu la vie dure aux vendeurs de drogue, aux proxénètes et aux petits voleurs consommateurs de drogues dures qui évoluaient autour des piqueries. On se présentait inlassablement aux endroits qu'ils fréquentaient, les forçant à changer leurs habitudes.

Grâce à des actions concertées et de la patrouille proactive, plusieurs de ces endroits et leurs clientèles criminalisées se sont tranquillement déplacés vers l'est de la ville et les citoyens ont repris graduellement possession de leur quartier.

J'étais fière du travail qu'on avait accompli. Dans mon esprit, être utile et faire la différence dans la vie des gens que je servais était un critère d'excellence. Et puis je me sentais bien dans ce quartier que je considérais comme chez moi. Les gens étaient des gens ordinaires et francs. Plusieurs d'entre eux travaillaient extrêmement fort pour faire vivre leurs familles et ne désiraient qu'une chose, vivre en paix chez eux.

J'ai accompli mon devoir pendant six ans à leur service. Je n'ai jamais ignoré quelqu'un qui m'approchait pour demander de l'aide. Je les considérais tous sur un pied d'égalité, peu importe leur race ou leur statut social.

J'ai toujours dit que je traitais les gens comme ils me traitaient. C'est certain que si quelqu'un me parlait irrespectueusement ou en m'insultant, cette personne n'obtenait pas le même service qu'un autre qui faisait preuve de respect.

Saviez-vous, à cet effet, qu'à Montréal, contrairement à la plupart des villes du Québec, il n'existe aucun règlement municipal qui interdise d'insulter un agent de la paix? C'est une totale absurdité. C'est pourquoi, dans la rue, personne ne respecte personne. Un policier qui se fait insulter n'a qu'à endurer les insultes.

Au début de l'été 2003, notre officier nous a approchées pour savoir si on était d'accord pour prendre chacune en charge un policier temporaire et voir à sa formation. L'avenir allait nous montrer que notre partenariat si efficace tirait à sa fin.

Voilà que j'étais partenaire avec un jeune policier. Nous avions formé, de 2003 à 2005, un duo dynamique et performant. Comme j'étais appelée régulièrement à agir en tant que leader, ce qui était naturel pour moi, il était donc arrivé que des individus contre qui on était intervenus se plaignent de mes agissements

À titre de policière expérimentée, je me devais de prendre en charge certaines situations pour les régler, et mes solutions n'étaient pas toujours appréciées. En tant que policier, on ne peut être indécis lors de la gestion d'une intervention. Il faut prendre des décisions basées sur la loi et les règlements de la ville. Parfois, d'aucuns sont frustrés par la tournure des événements. Insatisfaits pour toutes sortes de raisons, ils portent plainte en déontologie policière.

Il y a eu quelques plaintes contre moi en déontologie au cours de ma carrière. Toutes, sauf une, ont été réglées en conciliation. La plupart des plaintes avaient trait à l'incompréhension des citoyens du travail policier. Après avoir reçu des explications en terrain neutre, les plaignants comprenaient ce qui s'était produit et en acceptaient les tenants et les aboutissants. Lorsque la plainte d'un citoyen se règle par le processus de conciliation, le dossier du policier n'en est pas affecté. La plupart des plaintes sont d'ailleurs résolues par ce processus.

Comment expliquer que j'aie été victime de plus de plaintes que la moyenne? D'abord, j'ai toujours travaillé dans des secteurs fort occupés, où le taux d'appels couverts par les policiers était le plus élevé de toute l'île de Montréal. J'ai également agi comme policier formateur la plupart du temps et, par la force des choses, quand on travaille avec des jeunes, c'est à nous que revient le rôle de leader, c'est à nous de prendre des décisions dans l'immédiat.

Une autre raison pour expliquer les plaintes contre moi, c'est le fait qu'il y a encore beaucoup de personnes dans la société qui ont de la difficulté avec l'autorité, et encore plus quand l'autorité est représentée par une femme confiante et sûre d'elle. Si l'on rajoute les gens qui n'ont pas l'esprit ouvert à la différence des autres, cela complique les interventions.

Vous ne pouvez pas vous imaginer combien d'insultes homophobes j'ai pu entendre pendant près de 20 ans de service. Il fallait que j'aie la peau épaisse, la « couenne dure », pour supporter toutes ces années de mépris. Je me faisais insulter presque tous les jours. On tentait de m'humilier, on m'attaquait sur mon physique. Comme je ne suis qu'humaine, je ne restais pas toujours de glace face à ces traitements répugnants et répétitifs.

Le métier de policier en général n'est pas très apprécié des citoyens. Dans mon cas, tous ces facteurs ont fait que je rencontrais plus de résistance qu'un autre agent. Comme je n'ai pas le caractère à me laisser intimider ou insulter, j'avais évidemment moins de patience et de tolérance envers le genre d'individu n'affichant aucun respect pour moi ou pour ce que je représentais.

En tant qu'humains, on a une tendance naturelle à traiter les gens de la même façon qu'ils nous traitent. Durant ma carrière, j'ai traité tous les gens rencontrés de la même façon lorsque je les abordais. Il est faux de dire que j'étais arrogante et agressive dans mon approche avec les citoyens. Au contraire, je les traitais comme j'aurais aimé qu'on me traite.

Par contre, je changeais rapidement de tactique si je m'apercevais que la personne avec qui je faisais affaire n'était pas disposée à échanger de la même façon respectueuse ou si elle adoptait des comportements me faisant craindre pour ma sécurité ou celle de mes collègues.

Règle générale, les policiers sont ceux qui vont amorcer une intervention, mais c'est la personne interpellée qui va dicter la façon dont l'intervention va se dérouler. Nous, on est toujours prêts à réagir, c'est donc l'interpellé qui va établir le climat de l'intervention après le contact initial.

J'étais reconnue pour être ouverte et sensible aux problèmes des gens avec qui j'entrais en contact. J'ai toujours eu un grand cœur et une grande empathie pour les gens dans la misère, quelle qu'elle soit.

Il n'était pas rare que j'utilise de mon pouvoir discrétionnaire pour donner des chances aux individus qui se montraient coopératifs et repentants. Je ne sais pas combien de fois j'ai permis à des conducteurs, impliqués dans aucune autre infraction que celle de conduire en ayant les facultés affaiblies, de sauter dans un taxi et de rentrer chez eux sans recevoir de constat d'infraction. Et combien de fois ai-je pris le temps de résoudre des conflits sans que les gens impliqués aboutissent devant un tribunal?

J'étais par contre reconnue, avec raison, pour être d'une intransigeance absolue lorsque les individus interpellés se montraient agressifs, non coopératifs ou refusaient d'obtempérer aux ordres donnés.

Pour résumer, la perception des gens à mon endroit lorsque je travaillais dépendait grandement de leur comportement. J'étais donc, pour certains, une policière formidable et, pour d'autres, leur pire cauchemar.

Aux gens qui se demandent quelle est la meilleure façon de faire affaire avec un policier, je dirais que la politesse et la collaboration sont les moyens à prendre pour que l'intervention, quelle qu'elle soit, se passe bien.

Si vous choisissez l'impolitesse et l'agressivité verbale ou physique, je peux vous dire que l'intervention risque de ne pas se passer en douceur et en votre faveur.

C'est malheureux que le battage médiatique dont j'allais faire l'objet pendant plusieurs mois 20 ans plus tard n'ait contenu, comme vous le constaterez, que du négatif à mon endroit. On n'a rien trouvé de positif sur ma carrière couvrant deux décennies. Comme si je n'avais aucune qualité, que des défauts. Pourtant, les gens qui m'ont côtoyée au cours de ma carrière vous diront que je possédais les bonnes qualités pour être policière. Et, qu'en plus, je les mettais à contribution dans ma vie personnelle et professionnelle.

N'allez pas croire que je vous raconte cela en me pensant exempte de défauts. J'en ai, comme tout le monde, et je tente encore de les corriger.

Un événement que je n'oublierai jamais au poste 22 s'est produit alors que j'interrogeais un citoyen et son ami qui se plaignaient d'être poursuivis depuis un certain temps par un homme dans une camionnette. Pendant notre conversation, la camionnette en question est passée devant le poste de quartier. Avec un autre partenaire, on a décidé sur le coup d'intercepter le véhicule. On l'a localisé, puis arrêté au feu de circulation à l'angle de la rue Papineau et du boulevard René-Lévesque. Pendant que je questionnais le conducteur, j'ai aperçu à l'intérieur de son véhicule une arme partiellement cachée par un journal. J'ai avisé mon partenaire, on a maîtrisé l'individu et on a procédé à son arrestation. On a alors saisi divers objets suspects, des armes et des munitions. On a également retrouvé les adresses et les numéros de téléphone où joindre les plaignants. Le suspect s'est avéré être un Américain très dangereux selon le Federal Bureau of Investigagtion (FBI), qui l'a pris en charge. On a appris qu'il avait effectivement l'intention d'abattre le plaignant et son ami. On leur a sauvé la vie et on a été dûment félicités par le service.

Et je me souviendrai toujours que lorsque j'ai quitté le poste 22, j'ai eu l'honneur de recevoir, le 9 novembre 2005, la plus haute distinction qu'un policier du service peut recevoir, le Certificat d'excellence, pour lequel ses récipiendaires doivent se qualifier selon une multitude de facteurs très exigeants. C'est une récompense, octroyée par le personnel civil des Relations humaines et à laquelle très peu de policiers auront droit (*voir Annexe V, p. 269*).

L'AMOUR AU RENDEZ-VOUS

J'étais au début de ma trentaine. J'étais toujours célibataire et le destin m'a fait rencontrer, au poste 22, une personne merveilleuse, policière comme moi, qui m'a tout de suite charmée et qui allait devenir mon âme sœur, l'amour de ma vie.

Par un coup du destin que je chérirai toujours, elle est entrée dans ma vie lentement mais sûrement quand elle est venue pourvoir au poste d'agent solo laissé vacant dans mon équipe de travail du Centre-Sud. Comme elle était nouvellement arrivée, je me suis chargée de la mettre à l'aise et de la renseigner sur ce qui se passait dans le quartier. Je lui ai désigné les points d'intérêt comme les parcs les plus problématiques à surveiller et je lui ai donné toutes les informations nécessaires au travail sur le terrain.

Des collègues ont vite remarqué que je portais une attention plus que particulière à Marie-Claude, au point de me dire qu'ils ne m'avaient jamais vue agir ainsi. Ils avaient raison. Je n'ai pas eu à y réfléchir longtemps. Je ne me reconnaissais plus moi-même. J'avais le béguin pour elle. Et pas à peu près.

Après quelques mois, elle m'a dit qu'elle n'était pas à l'aise dans le secteur. J'ai donc appris avec appréhension son intention de demander un transfert. Profondément déçue, je lui ai fait part de mes sentiments et notre relation a alors pris une tournure plus sérieuse. L'amour était indéniablement au rendez-vous.

Ce n'était pas qu'un coup de foudre. J'ai découvert dans les mois suivants que je souhaitais passer le reste de mes jours avec elle. Je savais que j'avais trouvé la personne avec qui je vieillirais et à qui je dédierais tout mon amour. Les chances de trouver un tel amour ne sont pas très élevées et, lorsqu'il passe, on doit le saisir à bras le corps. Et je l'ai fait avec la ferme intention de le chérir à jamais pour le conserver toujours intact.

Tout était, et est encore, tellement simple entre nous deux. Il n'y a jamais rien de compliqué. On s'entend sur la plupart des choses de la vie. On la voit de la même façon. Et, plus important encore, on a toujours été présentes l'une pour l'autre, peu importe les circonstances. On se voue une confiance et un respect mutuels absolus.

C'est certain que cela n'a pas toujours été rose bonbon, mais on a affronté toutes les embûches qu'on a rencontrées dans notre vie jusqu'à maintenant, particulièrement au cours des dernières années, où j'ai été clouée au pilori. Et je le répète, je ne serais plus ici maintenant, si ce n'avait été de son soutien moral, physique et intellectuel pour assurer mon équilibre mental.

Nous avons célébré officiellement notre union en juillet 2005, entourées de nos amis et parents. Ce fut un jour festif et mémorable. On désirait toutes deux fonder une famille, et notre vœu s'est concrétisé en octobre 2007, quand j'ai eu le bonheur d'accoucher d'une fille en pleine santé. Et deux ans plus tard, elle a dû nous partager avec son petit frère, qui a vu le jour en octobre 2009.

Les premiers mois de sa vie furent un peu plus difficiles que ceux de sa sœur. Souffrant de reflux gastro-œsophagien, il a passé les 365 premières nuits de sa vie à pleurer la majorité du temps. Il a souffert, pauvre petit, car en plus d'avoir mal, il ne pouvait satisfaire sa faim. Il ne pouvait boire plus ou moins qu'une once à l'heure, et cela, c'était lors de ses bonnes journées. Ai-je besoin de vous dire qu'on était toutes deux exténuées après un an de ce régime?

Comme si cette année n'avait pas été assez éprouvante, notre fille a été l'une des malchanceuses à contracter le virus H1N1. Elle a été extrêmement malade. Elle a été hospitalisée et nous avons failli la perdre. Elle a heureusement combattu le virus avec succès et a pu réintégrer le domicile familial quand ce fut sécuritaire pour son frère.

Maintenant âgés de sept et cinq ans, nos enfants sont pétants de santé et ils sont nos joies de vivre. Avec Marie-Claude, ils sont la raison de mon existence. Grâce à leur présence, leurs sourires, leurs câlins et leurs rires, j'ai réussi à survivre à la dure épreuve que la vie m'a imposée sans que je la cherche. Je me suis accrochée à eux. Je leur ai donné la vie, mais eux, ils ont sauvé la mienne.

Pendant les longs mois de noirceur que je vais vous raconter plus loin, les seuls moments où la vie venait me dire qu'elle valait la peine d'être vécue, c'était le soir, quand j'allais border mes enfants pour la nuit. J'y trouvais un immense bonheur. Je m'agrippais de toutes mes forces à ces moments précieux. Je me sentais un peu apaisée de la tourmente qui sévissait autour de moi.

Merci mes amours. Je vous serai toujours reconnaissante pour tous ces moments de pur amour, de pure joie, qui m'ont aidée à surmonter l'enfer. À présent, je sais ce que veut dire amour inconditionnel. J'ai pris conscience de l'importance de la famille et de son rôle primordial pour atteindre le bien-être.

Pour fonder ma famille, j'ai dû accepter un retrait préventif du travail de patrouille que je privilégiais. Pour la première fois de ma vie, je me suis retrouvée à occuper une fonction administrative. Je n'étais pas modelée pour ce genre de travail. Cela ne m'a jamais attirée, mais j'ai dû passer par là pour pouvoir goûter aux joies incommensurables de la maternité.

J'ai vite compris sur le tas, comme on dit, que je ne pourrais jamais m'épanouir avec ce genre de boulot. Je m'ennuyais des appels d'urgence, des événements majeurs et de pouvoir rencontrer et communiquer avec les gens. L'extérieur et le grand air me manquaient viscéralement. J'ai constaté une fois pour toutes que la fonction de patrouilleur était taillée sur mesure pour moi, que c'était une véritable obsession, une passion, quoi !

Je comptais les heures pour y retourner et cela s'est finalement produit en 2010.

PATROUILLER SUR LE PLATEAU

Entre la naissance de mes deux enfants, j'avais finalement soumis ma candidature pour la fonction d'agent senior. Ça faisait des années que je faisais ce travail alors, pourquoi ne pas l'officialiser.

J'ai franchi toutes les étapes pour obtenir ce poste et j'ai été nommée à l'été 2010. À l'automne 2010, j'étais donc de retour au service dans ma nouvelle fonction. J'avais aussi fait une demande de mutation pour aller travailler sur le Plateau-Mont-Royal. Ayant passé les six années précédentes dans le Centre-Sud de la ville, j'étais mûre pour un changement de secteur et d'atmosphère. Je croyais alors que ce n'était qu'une autre étape dans ma carrière, mais je me trompais royalement. C'était là, au poste de quartier 38, que tout allait chavirer.

Mais avant que cela ne se produise, ma compagne et moi nous sommes retrouvées à jongler avec les horaires de travail et les responsabilités familiales. Pas facile d'élever une famille alors qu'on travaille toutes deux sur un horaire rotatif de jour, de soir ou de nuit.

Nous en avons tiré rapidement des conclusions et avons décidé d'apporter des ajustements. Marie-Claude a choisi de postuler pour un travail administratif lui permettant d'avoir un horaire fixe de jour. Une blessure au genou l'ennuyait depuis un moment. Elle a donc décidé de se retirer de la route après une carrière bien remplie de 28 ans. Un parcours exemplaire, sans fautes, au cours duquel elle avait occupé un bon nombre de fonctions.

Nous connaissons toujours un choc lorsque l'on se lance dans de nouveaux défis, et c'était le cas pour nous deux. On s'est rapidement installées dans notre nouvelle routine, conciliant famille et travail, chacune avec sa nouvelle fonction.

Quand on arrive dans un nouveau secteur, il faut apprendre à connaître nos nouveaux collègues et supérieurs. Il faut se familiariser avec son secteur de patrouille pour être le plus efficace opérationnellement, et cela, en prenant le moins de temps possible.

J'ai donc appris à connaître, une fois de plus, où se situaient les rues de mon nouveau secteur, un aspect évidemment primordial du travail de patrouilleur. Cela peut sembler une tâche facile, mais ce ne l'est pas. Pour être efficace, il faut connaître les rues par ordre, en partant de l'ouest vers l'est et du sud vers le nord. Il faut aussi apprendre par cœur le sens des rues, laquelle est à sens unique vers le nord, laquelle est à sens unique vers l'est.

Le temps de réponse aux appels prioritaires est souvent une question de vie ou de mort, il faut donc toujours prendre le chemin le plus rapide pour s'y rendre et, pour ce faire, il faut connaître son secteur sur le bout des doigts.

Personnellement, je ne me sentais à l'aise avec un secteur que lorsque j'arrivais à en maîtriser toute sa géographie. Pour y arriver, je m'exerçais à mémoriser les rues en y patrouillant, une par une. En les visualisant ainsi, j'arrivais à m'y retrouver. Comme dans toute chose, le succès se calcule avec l'effort qu'on y met et, croyez-moi, j'étais tellement dans mon élément comme patrouilleuse que j'en faisais des efforts.

La transition du Centre-Sud au Plateau-Mont-Royal s'est donc faite en douceur et j'ai pu m'installer rapidement dans mon nouveau rôle. Ce qui m'a aidée, c'est qu'il y avait beaucoup de facettes de la fonction d'agent senior qui m'étaient familières. C'était le côté administratif de la fonction qui m'était pour le moins inconnu. Pour résumer, j'avais du pain sur la planche et je ne m'en plaignais pas.

De son côté, Marie-Claude avait fait son deuil du travail de terrain et elle trouvait cela difficile. Elle avait œuvré durant 28 ans dehors, au grand air. Elle travaillait maintenant dans un bureau sans fenêtres, situé dans un vieux bâtiment et qui possédait un système de ventilation désuet. On crevait de chaleur durant l'été et on gelait durant l'hiver.

Mais, pour le bien de l'équilibre familial, elle s'était faite à l'idée qu'elle s'y rendrait jusqu'au jour de sa retraite, peu importe les facteurs irritants qu'elle avait à endurer.

LA PERSONNE LA PLUS DÉTESTÉE AU QUÉBEC

Au début de l'année 2012, Marie-Claude et moi étions très enthousiastes et excitées. Pour elle, c'était l'année du chant du cygne après 29 ans de service. Elle avait décidé de prendre sa retraite. Mais on ne savait pas ce qui nous pendait au bout du nez.

Quel moment de joie était-ce de voir approcher à grands pas cette étape cruciale dans la vie d'une policière accomplie ! Nous avions planifié ce moment de grande fierté pendant plusieurs mois. La date choisie était le 30 avril, date de son entrée dans le service.

Pour ma part, c'était l'année de mes 40 ans et je m'attendais à connaître une année prometteuse autant du côté professionnel que personnel. Généralement, lorsqu'on approche de notre 40e anniversaire, on fait une première rétrospective de notre vie. On se demande si on a atteint les objectifs qu'on s'était fixés. On s'interroge sur notre bonheur. On se demande si on est heureux dans l'ensemble, si notre vie nous comble au maximum. Et si la réponse est négative, on cherche à s'améliorer personnellement et à améliorer le bien-être des gens qui nous entourent. Je m'étais imposé une telle évaluation et, en général, j'étais fière de ce que j'étais devenue, de ce que j'avais accompli jusque-là dans ma vie de tous les jours.

Je n'ai jamais eu honte de recevoir mon chèque de paie. Jusque-là, j'avais vécu ma vie de façon responsable. En étant fidèle à mes valeurs. À mes yeux, ce qui importait le plus était la loyauté, l'intégrité, le sens des responsabilités, l'imputabilité, ainsi que la justice. Je n'aurais jamais imaginé qu'un jour, une crise sociale, qui n'avait rien à voir avec ma famille et moi, allait tout changer du jour au lendemain.

Depuis l'automne précédent, le torchon brûlait entre le gouvernement au pouvoir et les étudiants. Ceux-ci menaçaient de faire la grève et de perturber le plus possible le fonctionnement du Québec. Ils visaient des cibles pour déstabiliser l'économie entière de la province en ciblant, par exemple, le Port de Montréal, ainsi que le réseau de transport en commun.

Insatisfaits de l'offre du gouvernement de hausser les frais de scolarité, ils sont descendus dans la rue au début du printemps 2012, provoquant une des pires crises sociales qu'ait connues le Québec.

De plus, un parfum de scandale qui préoccupait tous les Québécois planait sur la province. Il ne se passait pas une journée sans que les médias rapportent des cas de corruption dans les municipalités, particulièrement à Laval et à Montréal. Le gouvernent libéral en place, usé par 12 ans de pouvoir, était aussi écorché par diverses rumeurs de copinage. Un cocktail de morosité générale se préparait lentement mais sûrement à exploser.

Nous sommes au début du mois de mai 2012. Marie-Claude et moi vivons une existence paisible. La vie est belle. Nos enfants sont heureux et en santé. On n'aurait pas pu demander mieux. Mais de gros nuages planaient à l'horizon et on n'en avait pas la moindre idée.

D'ici quelques jours, j'allais devenir la personne la plus détestée de la province, et ce, bien malgré moi. Le printemps 2012 allait être particulièrement chaud, non seulement sur le plan de la température ambiante, mais aussi dans la rue.

La crise étudiante, baptisée Le Printemps érable, avait commencé le 13 février précédent et avait été le théâtre de diverses perturbations dans les cégeps et les universités. Elle avait connu un de ses points forts le 22 mars, lors d'une manifestation nationale qui avait attiré des centaines de milliers de protestataires dans les rues de Montréal. Des manifestations nocturnes avaient alors commencé à se tenir dans les rues de la ville au point que, le 14 mai, 21 de ces manifestations spontanées avaient eu lieu.

La situation s'est envenimée à partir du 18 mai, lors de l'adoption par le gouvernement du Québec du projet de loi 78, comprenant différentes mesures visant à assurer le retour en classe des étudiants et de sévères amendes pour les individus, les associations étudiantes et les syndicats qui entravaient la tenue des cours. Il y avait maintenant des manifestations tous les soirs dans les rues du centre-ville et les postes de quartier étaient dépassés par l'ampleur de la situation.

Cela faisait maintenant des semaines que ce mouvement avait pris les rues et les citoyens en otages. Le centre-ville était le plus touché par ces manifestations, et les postes de quartier de ce secteur étaient largement sollicités. Après plus de 600 manifestations sur une courte période de temps, les policiers de première ligne, qui travaillaient sur un nouvel horaire de jour et de soir, ressentaient les effets de cette crise qui s'éternisait.

Nous étions tous fatigués, car, en plus de terminer nos quarts de travail beaucoup plus tard que prévu, le travail sur le terrain était ardu et presque impraticable. C'était devenu impossible de maîtriser un grand nombre de passants qui se faisaient un devoir de s'interposer lors des interventions policières. Nous le ressentions : certains citoyens nous avaient pris pour cible. Pour eux, on représentait le système qu'ils tentaient de rejeter ou qu'ils détestaient carrément.

Au fur et à mesure que la crise grandissait, plusieurs groupes se sont joints aux étudiants. Tous ces groupes feignaient d'adhérer aux revendications étudiantes, mais ils manifestaient pour toutes sortes d'autres raisons que la hausse des frais de scolarité. En fait, la crise étudiante s'était transformée en crise sociale. La tension montait de jour en jour. Sur le terrain, elle était palpable et pas du tout rassurante. Plus la crise durait, plus la violence s'intensifiait. Le mouvement a alors pris une tournure plus radicale.

Lorsque s'ajoute à un groupe des individus avec des idéologies spécifiques, comme les partisans du parti communiste, les anarchistes et autres groupuscules radicaux, cela crée un mélange potentiellement extrêmement dangereux. Et au mois de mai 2012, c'était le cas.

Nous faisions face à une situation dangereuse, potentiellement explosive tous les soirs, 7 jours sur 7 à partir de 20 h. Nous savions que ceux qui portaient le fameux carré rouge, symbole de cette grève, n'étaient pas tous des étudiants. C'étaient des jeunes de la rue, des *squeegees*, des itinérants, des fanatiques, des membres du Black Block, qui se mêlaient aux étudiants et aux nombreux citoyens qui descendaient dans les rues pour les appuyer.

Parmi eux se trouvait une branche d'étudiants plus radicaux qui, au début des manifestations, n'étaient pas nombreux. Mais lorsqu'on laisse une situation se détériorer à ce point, l'ajout d'éléments criminels et radicaux ne peut que faire surgir la violence.

Il faut voir les choses comme elles le sont. Cette crise a pris de l'ampleur parce que les autorités ont laissé les gens prendre la rue sous les conseils des leaders étudiants qui les encourageaient à désobéir aux lois. Il y a même un député de l'Assemblée nationale qui a profité de son immunité pour y aller des mêmes suggestions. Pour ceux et celles qui ne le savent pas, il est illégal d'inciter quiconque à commettre une infraction, c'est spécifié noir sur blanc dans le Code criminel, article 22 (*voir Annexe I, paragraphes 1 et 2, p. 257*).

Lorsque les gens qui ont le devoir de faire respecter les lois et de maintenir l'ordre ne font pas leur travail, cela a des répercussions sur leurs subalternes. En agissant ainsi de leur tour d'ivoire, ils ont mis en danger la vie de leurs hommes et de leurs femmes appelés à intervenir sur le terrain et à confronter la violence perpétrée à leur endroit. Car les policiers montréalais postés sur la ligne de front étaient devenus des cibles pour les émeutiers.

En laissant la violence urbaine dicter le cours de la vie quotidienne des Montréalais coincés au milieu de cette violence, ils ont manqué à leur devoir premier, qui est d'assurer la sécurité de tous les citoyens de l'île, qui était devenue une zone de guerre tous les soirs passé 20 h.

Le moral des troupes commençait à être sérieusement affecté après plusieurs semaines de cette violence quotidienne. Parmi quelque 600 manifestations diverses recensées pendant cette crise, plus de 300 se sont terminées dans la violence.

Presque toutes les fins de semaine, les vendredis et samedis soir, c'était la foire au centre-ville. Devenus adeptes de ce nouveau sport extrême inventé à Montréal pendant ce printemps merdique, beaucoup de jeunes quittaient leur banlieue pour venir se battre avec les policiers montréalais avant de sortir dans les bars.

Comme ce conflit n'en finissait plus, les Québécois en étaient rendus à voir ce conflit comme une émission de téléréalité, puisque tout était diffusé en direct chaque soir. Les gens étaient rivés à leurs télés pour observer ce triste spectacle d'affrontements entre les carrés rouges et les policiers.

À l'interne, chez les policiers, on savait pertinemment que lors de n'importe quel conflit, il y a toujours un début, un moment décisif et une fin. On était surtout conscients du fait que le tournant allait probablement être tragique.

Comme personne, ni du côté politique ni du côté des dirigeants de la ville, ne semblait avoir la volonté et le courage de prendre les décisions qui s'imposaient pour mettre un terme à ce chaos continu, nous craignions tous, chez les policiers, que cette violence qui prenait de jour en jour de l'ampleur vienne arracher des vies.

Nous sommes à la veille d'une longue fin de semaine. C'est la fin de semaine de la fête des Patriotes. Je m'apprête à entamer ma semaine de travail de quart de soir. On est le vendredi 18 mai et ça s'annonce particulièrement difficile puisque les rues du centre-ville sont bondées de monde avec la fête en tête. Il fait beau et on annonce que la température sera clémente durant tout le week-end.

Mais ça n'augure pas vraiment bien pour nous, car le seul facteur qui peut diminuer les ardeurs d'une foule, c'est la pluie, et on n'en prévoit pas pour les trois prochains jours. Arrive 20 h et, comme tous les soirs, la manifestation se met en branle. Peu après son départ, elle est déclarée illégale étant donné les actes criminels déjà commis. Mais comme tous les soirs, aucune action concrète n'est prise pour voir à contenir ce qui est maintenant considéré comme un attroupement illégal. Après la lecture de la proclamation de l'illégalité, les ordres de dispersion sont donnés. Au point de vue légal, on est maintenant passé au stade de l'émeute. Ce dernier facteur est d'une importance capitale pour la suite des choses. Pour un policier qui se trouve au milieu de ce bordel, il sait d'ores et déjà que la situation est devenue ingérable. Elle est niveau I, soit le niveau de dangerosité le plus élevé, ce qui met en péril immédiat la vie de tous les intervenants qui se trouvent dans la zone affectée par l'émeute. Le métier de policier comporte des risques qu'on est prêts à assumer. Par contre, on ne laissera jamais personne tomber. On va tout faire pour aller lui porter secours.

Ce vendredi soir, la paix est revenue au centre-ville après une nuit de confrontations qui n'a cessé que vers 3 h du matin.

Après une courte nuit de sommeil, nous sommes de retour le samedi 19 mai pour notre quart de travail. Le même scénario se répète avec sensiblement les mêmes résultats. Le centre-ville est à feu et à sang, des policiers sont blessés, des émeutiers sont arrêtés.

Cela fait des semaines que ce cirque se répète. Quel casseur ne serait pas tenté de recommencer le lendemain si ses gestes restent impunis ? Aucun, et c'est ce qui se passe chaque soir. Ce sont très souvent les mêmes qui reviennent et recommencent leurs provocations, comme on le verra dès le lendemain soir.

L'ÉMEUTE AU POIVRE DE CAYENNE

On est maintenant le dimanche 20 mai 2012. Ce n'est pas une journée comme les autres. C'est la date choisie par les dirigeants du gouvernement pour mettre en vigueur la loi spéciale 12, découlant du projet de loi 78, qu'on vient de voter pour mettre fin à la grève étudiante. Mais qu'est-ce qui a bien pu leur faire croire que de voter une nouvelle loi allait résoudre quoi que ce soit dans cette crise majeure ?

Personne, jusque-là, n'avait été en mesure de faire observer les ordonnances que les juges avaient émises et personne, dans la ville de Montréal, n'avait eu le courage de faire appliquer les lois déjà existantes.

Loin de changer quoi que ce soit à la situation, la loi 12 n'a fait qu'attiser le feu, rendre la situation encore plus tendue et y ajouter une pression supplémentaire. Pour nous, le niveau de danger venait encore d'augmenter en ce dimanche de soleil radieux.

La branche la plus radicale du mouvement étudiant, la CLASSE (Coalition large de l'Association pour une solidarité syndicale étudiante), et son leader avaient organisé ce jour-là un rassemblement dit familial au parc Jeanne-Mance, au pied du Mont-Royal, pour protester contre l'application de cette loi.

Encore une fois, pendant son discours, le leader de la CLASSE a invité les citoyens à désobéir civilement. Devenu un prêcheur de la bonne nouvelle très en vue, les gens adhéraient aveuglément aux principes intellectuels et idéologiques qu'il véhiculait. Il était devenu une sorte de gourou sorti de nulle part et comptait parmi ses adeptes des gens qui se radicalisaient de plus en plus. Il y avait un fanatisme évident qui se dégageait de ce mouvement prétendument voué à la défense des étudiants et mené de main de maître par cet individu, mais aussi par beaucoup d'autres instances qui avaient des avantages à retirer de cette radicalisation.

Sans l'appui et surtout les ressources financières de centrales syndicales, le mouvement étudiant ne serait pas devenu le principal acteur de cette crise et n'aurait pas perduré durant tout le printemps 2012. Le mouvement se serait essoufflé, car partout ailleurs en province, la vie a suivi son cours. Il y a eu quelques soubresauts dans la Vieille Capitale, alors qu'à Montréal la paix sociale avait disparu.

C'est à retenir que, poussé par les mouvements syndicaux de la province, pièce maîtresse de cette tentative de putsch politique, cet orateur né et rassembleur n'a jamais levé le petit doigt pour dénoncer la violence qui sévissait. Il prenait de l'assurance grâce à sa réputation grandissante et on a vite compris qu'il avait des intentions cachées. Il ne luttait plus seulement contre la hausse des frais de scolarité ; maintenant, l'ensemble de ses reproches était adressé au gouvernement en place.

Ce dimanche après-midi-là, il enflammait encore une fois son auditoire, et il était évident pour nous que, le soir venu, l'atmosphère deviendrait électrique. On sentait que la crise s'intensifiait et deviendrait ingérable.

C'était le dernier soir d'un week-end particulièrement violent et dangereux, au point que les pompiers de Montréal refusaient d'intervenir pour éteindre les foyers d'incendie allumés un peu partout par les émeutiers.

Ce soir-là, je me suis retrouvée assignée au service d'ordre pour la manifestation nocturne quotidienne qui débutait à 20 h à la place Émilie-Gamelin, située à côté de la station de métro Berri-UQAM.

Je faisais partie d'une équipe de huit policiers de quartier. On était quelques-uns qui se connaissaient, mais d'autres provenaient d'autres postes de quartier que le mien. Parmi ces derniers, il y avait plusieurs jeunes policiers temporaires qui possédaient peu d'expérience de terrain. Pour eux, le centre-ville était un milieu hostile en temps normal. Imaginez lorsque celui-ci est en proie aux émeutes urbaines quotidiennes et qu'ils sont là sans entraînement et sans équipement adéquat.

Notre peloton devait essentiellement servir de soutien aux effectifs déjà assignés qui auraient besoin d'aide.

Ce soir-là, la manifestation n'avait même pas eu le temps de se mettre en branle que des actes criminels avaient déjà été commis. Les agressions contre les policiers se comptaient par dizaines. Des policiers avaient été blessés aux quatre coins du centre-ville. Au train où allaient les choses, nous allions connaître une nuit cauchemardesque, moi en particulier.

Il était 20 h 15 quand la manifestation a été déclarée illégale. L'habituel appel au calme avait été suivi d'une proclamation lue à partir d'un camion muni de haut-parleurs par le commandant de scène le plus haut gradé sur le terrain. À 20 h 30, l'émeute avait éclaté partout au centre-ville.

On entendait une multitude d'appels à l'aide sur les ondes radio formulés par des policiers en mauvaise posture. Ils se faisaient lancer des objets de toutes sortes par des manifestants : roches, bouteilles, morceaux de pavé, excréments, urine, clôtures de métal, poubelles, cocktails Molotov, pièces pyrotechniques et même de l'acide.

La situation prenait de toute évidence des proportions démesurées, et c'était à nous seuls de nous en sortir sans trop de séquelles.

Quand une situation dégénère à ce point, l'on sait qu'il n'y a plus de stratégie d'intervention qui tienne. On doit se débrouiller et voir à notre propre sécurité par nous-mêmes. On fait alors de son mieux pour minimiser les blessures sérieuses qu'on pourrait subir et tenter de secourir nos collègues qui appellent à l'aide.

Seul un autre policier peut vraiment comprendre ce qu'on ressent lorsqu'un autre policier demande des renforts. Notre battement cardiaque augmente de façon exponentielle. On devient automatiquement anxieux et on n'a qu'un seul but en tête : nous rendre vers lui le plus rapidement possible afin de lui porter secours. Ce n'est pas de la fiction ou du cinéma ; c'est la pure réalité. La vie d'un des nôtres est en jeu ; ce n'est pas une blague.

Ce soir-là, avec mon équipe, j'ai répondu à trois appels de renfort communément appelés 10-07 dans le jargon policier. Tous ces appels à l'aide sont survenus en l'espace d'une heure, du jamais vu depuis le début de ma carrière. Les appels d'aide sont plutôt rares en temps normal, mais là, rien n'était normal.

Le premier de ces appels nous est parvenu par la voix du répartiteur radio. Il nous demandait de nous rendre d'urgence au coin des rues Sainte-Catherine et Saint-Hubert, où des policiers à vélo s'étaient fait encercler par des manifestants. L'un d'eux avait été attaqué par-derrière et s'était retrouvé inconscient au sol après avoir été étranglé.

On se trouvait à une minute de cette intersection. Nous avons couru à toutes jambes en cette direction pour leur porter secours. Le policier a repris ses sens. Il n'était pas blessé sérieusement, mais ça avait passé proche, trop proche. Durant notre intervention, nous étions la cible constante d'objets de toutes sortes. L'intersection Sainte-Catherine et Saint-Hubert se trouve au coin sud-est de la place Émilie-Gamelin. Plusieurs émeutiers y étaient encore massés malgré l'ordre de dispersion pourtant donné une heure et demie plus tôt.

En plus de l'ordre de dispersion en vigueur, nous avions reçu les ordres d'ériger une ligne de protection, fermant ainsi l'accès à la rue Sainte-Catherine à toute circulation. Personne ne pouvait se diriger vers l'est sous aucun prétexte.

Vu le manque d'effectifs pour exécuter cet ordre, on nous a envoyé la cavalerie pour nous aider à reprendre la maîtrise de cette intersection. Avec leur secours, nous avons réussi à maintenir notre ligne. Par contre, il y avait encore des émeutiers qui tentaient physiquement d'accéder à la rue. Ils fonçaient sur nous en groupes, nous forçant à les repousser. De plus, ils tentaient de blesser les chevaux de la cavalerie en lançant toutes sortes d'objets hétéroclites en leur direction.

On en avait plein les bras. Les émeutiers refusaient carrément de quitter la place malgré les ordres sans cesse répétés. Nous avons rapidement été au bout de nos forces. C'est extrêmement épuisant et éreintant de constamment tenter de repousser une foule enragée.

À un moment donné, un des émeutiers a réussi à percer la ligne de protection. Je l'ai agrippé par son chandail et l'ai repoussé. Au moment où j'effectuais cette manœuvre, un groupe d'une vingtaine d'émeutiers s'est approché de moi de façon menaçante en criant de le lâcher.

Je me suis retournée pour reprendre ma position sur la ligne, mais le groupe a continué d'avancer vers moi. La situation était critique. C'était palpable. On sentait la menace grandir. J'ai pris la décision qui s'imposait. Je devais à tout prix disperser ces émeutiers récalcitrants, qui refusaient d'obtempérer aux ordres qu'on leur criait.

Étant une policière habituée au centre-ville, j'étais équipée d'une nouvelle arme intermédiaire contenant du poivre de Cayenne, qui servait justement à effectuer de la dispersion lors de rassemblements de foule hostiles comme ceux qu'on rencontrait, de temps à autre, à la sortie des bars. Et je m'en suis servie, comme le devoir me le dictait. J'ai aspergé le groupe de récalcitrants pour les faire reculer.

Dans le contexte d'une émeute, cette arme est tout indiquée pour effectuer ce boulot en minimisant les risques de blessures, autant du côté des policiers que de ceux visés. C'est une arme qui permet d'éviter le recours à d'autres armes, qui pourraient causer des blessures sérieuses, et même la mort.

Ma manœuvre a porté ses fruits. On a réussi à disperser les émeutiers après plus de 45 minutes de combat pour conserver la maîtrise du terrain qu'on avait gagné. Mon intervention au poivre de Cayenne avait été filmée. Prise dans le feu de l'action, je ne m'en étais pas souciée. J'avais d'autres chats à fouetter. Je savais que j'étais filmée, mais je ne pensais pas que cette intervention allait se retourner contre moi. Je ne savais pas que, dans les heures qui allaient suivre, les images me montrant en train d'asperger les émeutiers allaient faire le tour du monde et être le début de ma descente aux enfers.

On a continué nos interventions. J'étais parfaitement consciente que nous étions le peloton sur qui nos collègues comptaient pour assurer le renfort. Mais je savais aussi que si nous en avions besoin, il y avait de fortes chances que ce renfort ne vienne jamais pour nous. On savait tous qu'un ratio de 500 policiers pour contrer une manifestation de 4 000 à 5 000 individus n'était pas énorme. Quand la situation tourne à l'émeute, on sait très bien qu'on est en nombre inférieur. On n'a pas l'avantage du terrain. Que pouvez-vous faire lorsqu'il y a 1 policier pour 100 émeutiers ? Nécessairement, on pense à notre survie avant tout et on se débrouille avec les moyens du bord pour sortir de cet enfer le plus intacts possible.

On a beau être entraînés à surmonter la peur et le danger, on ne peut attendre de nous qu'on se laisse attaquer sans même nous défendre. On va toujours réagir et contre-attaquer pour assurer notre intégrité physique.

Lors de cette soirée du 20 mai, qui, on le savait d'avance, serait difficile et violente à cause des soirées précédentes, nous étions plus ou moins 500 policiers dans la rue. Sur ces policiers, environ 150 seulement portaient un équipement complet de police antiémeute pour travailler dans de telles situations. Pour les autres, provenant de patrouilles de quartier comme mon groupe, on n'était absolument pas équipés adéquatement pour être sur la ligne de feu, pour faire face à un tel niveau de danger.

On ne portait aucun vêtement à l'épreuve du feu, aucun équipement de protection, à l'exception de notre casque, aucun bouclier pour se protéger de tirs d'objets dangereux. On n'avait aucune armure pour protéger notre corps, aucun masque à gaz, non plus.

De plus, pour pouvoir intervenir efficacement dans de telles conditions, on doit avoir une formation spécifique en la matière et on doit pouvoir se pratiquer de temps à autre pour conserver nos habiletés. Autrement dit, cela prend de la pratique pour pouvoir intervenir dans une émeute et s'en sortir indemne.

Ma formation en gestion de foule, et on ne parle pas d'émeute, mais de gestion d'une foule docile et calme, remontait à 1999. C'est dire à quel point on n'était pas préparé à intervenir quand l'ordre public a été remplacé par le chaos social.

Malgré les recommandations de la Commission de la santé et de la sécurité du travail (CSST), qui oblige le Service de police de la Ville de Montréal à équiper de façon adéquate ses policiers appelés à intervenir dans des situations de violence sociale, les autorités nous ont quand même envoyés sans l'équipement essentiel à notre protection.

Il y avait bien eu distribution de quelques jambières de protection au début du service d'ordre, mais on était plusieurs à n'avoir pu trouver des jambières qui nous convenaient.

L'obligation par la CSST de porter un équipement adéquat pour la situation n'est parvenue à mon poste de quartier qu'en septembre 2012, huit mois après les émeutes du printemps 2012, alors que la crise était passée !

Mal équipés, mal entraînés, il était évident que les policiers de quartier que nous étions ne pouvaient être aussi endurants et résistants à la violence et aux attaques qu'ils subissaient que les policiers entraînés et équipés spécifiquement pour ce genre d'intervention.

À Montréal, avant 1999, on avait une escouade tactique appelée l'antiémeute. Ils étaient une cinquantaine d'agents spécialistes en gestion de foule. Lorsqu'ils arrivaient sur les lieux d'un attroupement qui devenait illégal, ils reprenaient rapidement la maîtrise de la situation et la gardaient jusqu'à ce que l'ordre revienne.

En 1999, l'état-major a pourtant décidé de démembrer cette escouade sous prétexte qu'elle coûtait trop cher, alors que Montréal est l'une des villes nord-américaines qui compte le plus de manifestations dans ses rues par année. Avec les 100 millions de dollars que nos autorités ont dépensés pour le Printemps érable, on aurait pu opérer une escouade antiémeute pour plusieurs années. On ne peut remplacer l'expérience et le savoir-faire que détient une telle escouade par des policiers sous-équipés et peu formés, et penser qu'on va bien s'en tirer.

Parmi les situations à haut risque que peut affronter un policier durant sa carrière, celles qui présentent le plus grand danger sont les fusillades et les émeutes. Ce sont des situations potentiellement mortelles. Il n'y a rien de plus dangereux qu'une foule en colère. L'âge mental descend à quatre ans, la capacité de raisonner n'est plus là et l'effet d'entraînement devient contagieux. Dans l'anonymat d'une foule, qui leur procure un sentiment d'invincibilité, des gens normalement sensés et raisonnables commettent des gestes qu'ils n'auraient jamais posés.

Lors de mon intervention obligée au poivre de Cayenne, l'émeute du 20 mai n'en était qu'à ses balbutiements. Elle allait faire rage jusqu'à 2 h du matin après plus de 600 arrestations. Durant ces nombreuses heures, mon peloton a eu à secourir plusieurs autres policiers qui demandaient du renfort. On courait d'un appel à l'autre. Du jamais vu, pour moi, en tout cas. C'était incroyable d'avoir à répondre à autant d'appels à l'aide, chacun plus pressant que l'autre.

Tout ce qu'on pouvait faire était de courir à leur secours. On n'avait aucunement la maîtrise de la situation. On était trop peu nombreux. On était trop vulnérables. On était devenus la proie à abattre.

Essayez d'imaginer ce que c'est que de se rendre à l'évidence que des individus qu'on est censé servir et protéger nous attaquent et veulent nous blesser à tout prix. Ce que c'est

que de voir des bouteilles de bière remplies d'essence exploser
à ses pieds et de se rendre compte du danger imminent.
Personne d'entre nous n'avait l'intention de subir de graves
blessures, d'être transformé en torche humaine ou d'y laisser
sa peau. Notre mission, ce soir-là, n'était pas seulement de
protéger les biens de nos concitoyens, mais de retourner chez
nous sains et saufs.

Quand on vit de tels événements, on pense souvent à nos
proches. On se demande comment on va faire pour pouvoir
retourner auprès d'eux. C'est ce qui fait ressortir cette mentalité
de guerrier qu'on doit posséder pour prendre les bonnes
décisions afin de s'en tirer vivants et intacts.

Un dicton dit qu'on ne peut comprendre quelqu'un à
moins d'avoir déjà marché un mille dans ses souliers. Dans le
cas des policiers qui se retrouvent sur la ligne de front et qui
doivent effectuer leur travail, peu importe les circonstances, le
climat social ou les volontés politiques, et qui doivent essayer
de maintenir l'ordre et la paix, personne ne peut comprendre
à moins d'avoir déjà été sur la ligne de feu.

J'aimerais bien voir comment réagiraient tous ceux et
celles qui critiquent le travail des policiers appelés à travailler
dans de telles conditions, sans équipement et sans formation
adéquate, s'ils étaient à notre place.

C'est facile de regarder un bout de vidéo pris hors
contexte et de se faire une idée sur une situation globale qu'on
ne voit pas. De sauter aux conclusions et de parler de bavure
policière sans connaître tous les faits et le contexte dans
lequel ce petit bout d'intervention a été filmé. Je comprends
la réaction du public qui a visionné ces images. Mais je ne
comprendrai jamais la réaction des médias et encore moins
celle de mes patrons. Lorsqu'on accorde autant d'importance

au sensationnalisme, on commet des erreurs qui ont de graves conséquences sur la vie des gens impliqués.

Pas un seul journaliste ne m'a approchée pour connaître ma version des faits et celle des confrères avec qui j'ai été en péril durant plusieurs heures. On aurait censément compris que je ne faisais que le travail pour lequel j'étais payée. Que je ne faisais qu'obéir aux ordres de mes supérieurs. Et que je défendais les membres de mon peloton qui n'avaient rien en main pour réagir aux attaques des émeutiers. On a préféré me lyncher publiquement, sans procès. Un porte-parole du service de police pour lequel j'avais risqué ma vie m'a même carrément blâmée publiquement dès le lendemain matin en affirmant que « des fois, on en échappe une… » !

Mon sort était scellé. J'étais devenue l'emblème de la brutalité policière. Le matricule 728 était dorénavant sali et portait le sceau de la brutalité policière.

Ça n'a pris exactement que quatre heures pour conclure que j'étais « une folle qui avait pété sa coche et qui était criminellement coupable d'une infraction ». Quelle infraction ? Pas grave, on tenait une coupable sur qui on pouvait se défouler. C'est ainsi que je suis devenue le bouc émissaire du Printemps érable.

Pensez-y deux secondes, j'étais maintenant accusée d'avoir utilisé la force de façon abusive, et cela, durant une émeute ! On a fait mon procès par le biais des médias traditionnels et des médias sociaux sans que je puisse me défendre. On a ainsi convaincu le grand public qu'il fallait me condamner pour cette intervention non justifiée selon leurs critères. Et que la sentence qui s'imposait n'était rien de moins que ma destitution.

Tout ce processus insidieux a duré moins de 24 heures et n'était basé que sur des perceptions et non sur les vrais faits, faits qui sont pourtant bien décrits dans le journal opérationnel de ce 20 mai 2012.

Mon propre employeur, que je respectais jusque-là, refusait de rétablir les faits. L'état-major du service savait pertinemment que cette soirée avait été mouvementée et dangereuse. Ils savaient qu'ils avaient perdu la maîtrise du centre-ville à partir de 20 h 25 jusqu'à 2 h le lendemain matin.

Ils nous avaient ainsi exposés à la violence urbaine pendant plus de six heures. Je peux vous affirmer que se battre pour sa survie pendant six heures, c'est long, très long. Pendant tout ce temps, on devait tous faire en sorte de ne jamais se retrouver isolés de notre peloton, car l'encerclement par les émeutiers était imminent. Et, ce soir-là, la plupart des appels provenaient de policiers qui se retrouvaient isolés au milieu de l'émeute.

Dans mon cas, il semblait qu'on ne voulût absolument pas admettre les faits et la vérité. Il était évident qu'ils ne voulaient pas admettre leur erreur, préférant causer des dommages à autrui plutôt que d'assumer leurs torts.

Lorsque le porte-parole du service a déclaré publiquement aux médias, très tôt le lendemain matin, « des fois ça arrive qu'on en échappe une… », il aurait dû prendre le temps de lire les rapports opérationnels rédigés sur les événements de la veille. Je me sens très à l'aise de penser que c'est plutôt lui qui a échappé la balle.

Il savait pourtant que mon intervention s'était déroulée dans le cadre d'une émeute et qu'elle était conforme à toutes les procédures internes du service en ce qui a trait aux devoirs et aux pouvoirs des policiers dans de telles circonstances. Il savait aussi ce que la loi prévoit lorsqu'une émeute éclate.

De plus, il a contrevenu aux directives qu'il avait lui-même rédigées sur l'aspect médiatique d'une intervention médiatisée.

N'importe quel consultant en matière de relations publiques vous dira qu'une erreur commise à ce niveau crucial du partage de l'information a de lourdes conséquences si la situation n'est pas corrigée promptement. J'en sais maintenant quelque chose.

Pour moi, ces conséquences étaient on ne peut plus graves et désastreuses. Je savais d'instinct que ma carrière achevait. Pourtant, s'il avait suivi la procédure qu'il avait lui-même mise en place, puisqu'il était le plus haut gradé et patron de la Section des relations publiques, il se serait contenté de dire la vérité et se serait abstenu d'émettre des commentaires personnels sur l'intervention.

Ce n'était pas n'importe quel individu qui me blâmait sur la place publique, c'était le porte-parole officiel du service de police de la ville. Une erreur de cette envergure, commise par un porte-parole respecté par tous les médias, est irréparable. Surtout si tout le monde ferme les yeux pour ne pas devoir admettre que c'était bel et bien une erreur.

Dès ce matin du lundi 21 mai 2012, la vie de Marie-Claude et moi a été bouleversée à jamais. Elle n'a plus jamais été la même. Notre existence paisible venait de disparaître, laissant la place à l'incertitude et au stress.

Dans les semaines qui ont suivi, je suis devenue la cible d'humiliation, de mépris et de haine. On m'a couverte de ridicule. On a écrit toutes sortes de stupidités sur le matricule 728. On m'a attaquée sur mon orientation sexuelle. On a ri de mes caractéristiques physiques.

Bref, on s'est acharné sur moi sans relâche dans presque tous les médias. Les attaques venaient de tous côtés. Tout le monde avait quelque chose de négatif à dire à mon sujet. On m'a fait un procès d'intention public. On m'a proféré des menaces. On voulait ma tête sur un plateau d'argent. C'était renversant. L'état-major du service de police, le gouvernement, la déontologie policière, les affaires internes et l'opinion publique voulaient manifestement avoir ma peau. Et je n'étais pas paranoïaque. Toutes mes constatations se sont révélées fondées quand, au courant de l'été suivant, plusieurs de mes collègues féminines m'ont raconté qu'à tous leurs quarts de travail, des individus portant des carrés rouges les accostaient pour leur demander si elles étaient le matricule 728. D'aucuns, parmi la population que je desservais sur le Plateau-Mont-Royal, me recherchaient incessamment et ce n'était assurément pas pour me serrer la main.

Bien que je sache que je n'avais pourtant fait que mon boulot, il semblait que personne ne voulût le reconnaître. Et personne ne voulait me venir en aide. Plusieurs me disaient :

— Tu sais, il y en a plusieurs qui ne sont pas d'accord avec ce que tu as fait.

Que vouliez-vous que je réponde quand un commentaire du genre venait d'un sergent-détective censé enquêter sur l'intimidation et les menaces que l'on subit dans le cadre de notre travail !

Je me suis battue, toute seule, pour que l'on me vienne en aide durant tout l'été 2012. Hélas, en vain. Les gens me reconnaissaient quand j'effectuais mon travail. Ça compliquait mes interventions. J'étais devenue un souffre-douleur pour une partie de mes concitoyens. C'était devenu dangereux pour moi et pour mes confrères de travail. Je ne pouvais plus travailler avec une cible constamment accrochée au dos.

SI C'ÉTAIT À REFAIRE

En rétrospective, si j'avais à me retrouver dans une situation à risque comme celle du soir du 20 mai, j'agirais exactement de la même manière. Je prendrais les mêmes décisions que lors de cette intervention, que l'on a traitée de bavure policière. Je réagirais aussi rapidement que je l'ai fait. Personnellement, je n'aurais pas attendu aussi longtemps avant d'utiliser le poivre de Cayenne pour faire respecter l'ordre de dispersion qui était en vigueur depuis 20 h 15, alors qu'il était 22 h 30 au moment des faits. C'était la bonne décision à prendre dans de telles conditions. Ce n'est jamais de gaieté de cœur qu'on prend une telle décision, mais il faut ce qu'il faut pour assurer notre sécurité et celle des concitoyens.

Je ne souhaite à personne les conséquences néfastes que cette décision m'a apportées, mais si un citoyen ou un de mes confrères avait subi de graves blessures, ou pire encore, je ne me serais jamais pardonné de ne pas avoir rempli mon devoir de policier. Ce soir-là, j'étais un agent senior cumulant plusieurs années d'expérience dans le centre-ville. C'était ma responsabilité, en tant que leader de mon peloton, de veiller sur eux. C'était ma mission de protéger les miens, ainsi que d'assurer la protection des citoyens du coin et des commerces environnants. Je devais tout faire pour m'assurer que tous les membres de mon peloton retournent chez eux sains et saufs.

Je pense que, compte tenu des circonstances, nous avons fait du mieux que l'on a pu avec le peu de moyens dont nous disposions. On a minimisé les dommages autant physiques que matériels. Nous étions aux limites de nos capacités pour accomplir nos tâches. Nous avons dû tout donner pour reprendre la maîtrise du secteur étant donné notre nette infériorité numérique.

J'aime mieux vivre ce calvaire, qui affecte encore ma famille, que d'avoir sur la conscience la mort d'un citoyen ou d'un collègue parce que je n'aurais pas pris la bonne décision pour nous sortir du danger.

J'ai dû prendre des décisions critiques tout au long de cette soirée. À un certain moment, j'ai commencé à ressentir et à subir les conséquences de la déshydratation. J'ai commencé à avoir des étourdissements, un phénomène physiologique qui est très dangereux lorsqu'on l'ignore. Lors d'activités intenses et prolongées comme celle qu'on subissait, il faut gérer le besoin d'eau de notre corps.

Étant donné qu'aucun ravitaillement n'avait pas été prévu et qu'il n'y avait aucun moyen de se faire relever, j'ai pris sur moi la responsabilité de voir à ce que personne ne tombe au combat. Je me suis débrouillée pour trouver une solution le plus rapidement possible. Nos forces physiques et la capacité de nos corps à endurer pareil traitement sans répit avaient atteint leur limite.

J'ai trouvé un endroit adéquat et sécuritaire pour que mon groupe prenne un peu de répit et refasse ses forces. Nous sommes repartis dans l'enfer du centre-ville en moins de 10 minutes. Nous nous sommes donc reposés et avons repris nos forces pendant environ 10 minutes sur une période de plus de 6 heures d'intenses combats avec les émeutiers !

C'est la situation la plus dangereuse et la plus folle à laquelle j'ai eu à faire face en plus de 18 ans de carrière. Nous étions tous exténués, sans exception. Certains présentaient des blessures, d'autres affichaient des maux de tête carabinés, résultat du manque d'eau avec lequel nous avons dû composer pendant toutes ces heures.

Imaginez courir un marathon avec une surcharge de plus de 25 livres que représente l'équipement que l'on porte à la ceinture et pas de point de ravitaillement pour s'hydrater. Ajoutez à cela des conditions d'extrême danger, où vous devez vous protéger du mieux que vous le pouvez avec seulement un casque de protection. Et pensez-y bien, vous avez la responsabilité de protéger les citoyens et d'aller secourir vos collègues en détresse qui hurlent sur les ondes de police leur impuissance et leur angoisse pour qu'on vienne à leur secours, car, pour eux, il est moins une.

C'est cela le portrait réaliste et les conditions auxquelles nous avons dû faire face jusqu'à 2 h du matin ce soir du 20 mai 2012.

C'est quasi impossible de décrire ce qu'on ressent quand on entend des collègues crier au secours. Leur sentiment d'impuissance et d'urgence se répercute dans notre cerveau. Notre rythme cardiaque augmente subitement, on sent l'adrénaline monter dans nos veines et l'on sait que l'on doit tout faire pour leur porter secours, sans se poser de questions. On ne laisse pas les nôtres en danger sans réagir. On ne doit jamais abandonner. On doit faire tous les efforts nécessaires pour les secourir.

C'est seulement comme cela qu'on parvient à survivre dans des conditions aussi horribles et à retourner chez nous après. On est un guerrier ou on ne l'est pas, mais ça prend beaucoup de guerriers pour gagner une guerre.

Les soirs où éclatent des émeutes spontanées à Montréal, comme celles qu'on a vécues en 1986 et en 1993 lors des conquêtes de la Coupe Stanley par nos Canadiens, tout comme au printemps 2012, les policiers sur la ligne de feu doivent se transformer en guerriers, car, à un moment donné, ils deviennent immanquablement la cible de certains manifestants.

Tout être humain peut subir toutes sortes de situations plus à risques les unes que les autres. Il va toujours puiser au fond de lui-même pour trouver la force et le courage pour affronter le pire. Mais on ne peut comprendre comment on se sent, dans ce genre de situation, à moins de l'avoir expérimenté.

L'humain normalement constitué, face au danger, cherche instinctivement à fuir et à se protéger. Mais nous, agents de la paix, on doit combattre notre tendance naturelle à fuir pour, au contraire, courir vers le danger. Même chez les plus braves d'entre nous, on voit apparaître les symptômes de la peur. On doit les gérer si on ne veut pas que celle-ci prenne le dessus.

Seuls l'expérience et le sang-froid acquis au fil du temps nous apprennent à surmonter cet obstacle. On réussit à apprivoiser la peur et, du même coup, on acquiert la confiance et le leadership absolument nécessaires pour mener à bien notre mission, comme lors de la soirée infernale du 20 mai 2012.

C'était rire des policiers et mentir aux citoyens quand nos autorités ont affirmé, au lendemain de ces nuits d'horreur, qu'il s'agissait de manifestations illégales qui ont été gérées pacifiquement et ont prétendu avoir eu la maîtrise de la situation en tout temps.

Dans les faits, nous, policiers sur le terrain, étions dépassés par les événements. On était en nombre insuffisant. On était mal équipés, peu formés en matière de gestion de foule et encore moins organisés pour combattre et réprimer des émeutes comme l'exigent les lois qui régissent notre pays.

Avec le recul, je trouve scandaleux de constater à quel point notre employeur a démontré peu de considération pour ses employés appelés à exercer leurs fonctions dans des conditions aussi dangereuses et où la violence à leur endroit était sans cesse prévisible et grandissante.

Je comparerais le travail du policier sur la ligne de feu à un gardien de but, une position que je connais bien pour encore la pratiquer dans ma vie personnelle. Laisseriez-vous ce gardien jouer sans l'équipement réglementaire ? Évidemment que non. Pourtant, mon employeur n'a pas hésité à nous envoyer, mes collègues et moi, recevoir toutes sortes de projectiles par la tête sans être adéquatement équipés.

Le Service de police et la Ville de Montréal ont fait preuve d'une insouciance et d'un manque de respect flagrant concernant la sécurité et l'intégrité physique de ces hommes et femmes, policiers de quartier, qu'ils ont envoyés au front soir après soir pour tenter de sauver les meubles.

En plus de ce facteur aggravant, ils ont refusé de reconnaître l'évidence des émeutes et nous ont privés de nos protections garanties par le Code criminel canadien qui prévoit ces garanties.

Un service de police qui se respecte fait appliquer la loi, peu importe le climat politique qui règne. En s'assurant d'appliquer la loi, il protège la sécurité de ses membres et voit à faire respecter leurs droits à exercer leur métier sans subir des conséquences négatives pour leur bien-être. Les policiers ont droit à la sécurité de leur personne, même s'ils exercent une profession dangereuse.

J'aimerais savoir combien de fois notre chef de police, ses assistants et son relationniste se sont retrouvés au front, à subir la pluie de projectiles pendant des soirs et des soirs d'affilée.

Ceux qui se pensent assez connaisseurs dans le domaine de la gestion des émeutes, posez-vous les questions suivantes : Comment se sent-on lorsqu'un collègue s'écroule de douleur, car il vient d'être atteint d'un projectile lancé par une fronde, et que les émeutiers sont en extase devant leur exploit ?

Qu'est-ce que vous auriez fait si un de vos collègues, ou bien vous-même, avait été atteint par un cocktail Molotov alors que vous n'étiez pas protégé par un habit inflammable et que vous n'aviez pas d'eau à votre disposition pour éteindre les flammes ?

Ce ne sont que deux exemples de situations que j'ai vécues et des questions que je me suis posées le soir du 20 mai.

Avant de juger les agents de la paix qui mettent leur vie en péril en travaillant dans de telles conditions d'extrême danger, et qui le font parce qu'ils ont prêté serment de servir et protéger la société, il faudrait avoir en main tous les éléments d'une situation pour comprendre la complexité du contexte auquel ils font face lors d'événements violents comme les émeutes.

Avant de cracher son venin sur un être humain dont le seul reproche qu'on puisse lui adresser est d'avoir accompli son devoir du mieux qu'il le pouvait, on devrait s'arrêter et mettre de côté toute forme de propagande, de préjugés, d'idées préconçues, de perceptions faussées par l'absence de contexte lors de la diffusion d'images fortes repassées en boucle dans les médias et de commentaires de soi-disant experts qui décrivent les événements alors qu'ils ne détiennent peu ou pas d'informations pertinentes. Autrement dit, qui ne tiennent pas compte du contexte légal et de la loi pourtant existante à cet effet.

Il faudrait que les journalistes, les animateurs radio et télé et les prétendus experts posent les questions pertinentes pour pousser les autorités dites compétentes à révéler la vérité sur les faits, que les faits.

Il faudrait également éviter de tomber dans le piège du sensationnalisme et de la complaisance en s'acharnant sur un événement que l'on pense être une bavure policière alors que c'est tout à fait le contraire de la réalité.

Les codes de la loi et les articles qu'ils contiennent sont les fondations sur lesquelles repose la démocratie de notre pays. Tous les gestes et toutes les interventions que posent et vivent les policiers sont reliés directement à ces codes, surtout le Code criminel, et particulièrement son article 25 (*voir Annexe II, paragraphes 1 à 5, p. 259*). On ne peut jamais en faire abstraction.

Les policiers ne peuvent décider de ne pas appliquer les lois. Lorsqu'ils sont en danger dans des situations de vulnérabilité, ils doivent se fier à la loi pour gagner leur combat, car s'ils le perdent, qui prendra leur place ?

Les policiers sont la ligne de protection entre la paix sociale et le chaos. On l'a très bien vu au printemps 2012. Après les policiers, il ne restait plus que l'armée pour protéger la ville et ses citoyens.

Un policier qui s'engage dans une situation où il sait pertinemment qu'il va devoir faire face au danger de façon imminente et sans équivoque ne part pas avec des pensées négatives en tête. Il doit être confiant en ses capacités physiques et psychologiques, en sa tolérance au stress et au danger et en son expérience, même s'il sait fort bien qu'il ne possède pas l'équipement efficace pour faire du travail antiémeute. Et ce seul fait lui trotte évidemment en tête, mais il n'a pas le choix. Il faut qu'il fasse son devoir.

À Montréal, les policiers sont pour la plupart de valeureux et courageux individus, fiers de servir leur ville. Au moment de se lancer dans la fosse aux lions, on voit dans les yeux des plus expérimentés la détermination, le courage et l'esprit de guerrier. Ce sont tous des éléments qui font en sorte qu'ils mettent toutes les chances de leur côté pour accomplir leur mission et revenir sains et saufs à la maison.

Les gens en général, et les médias en particulier, devraient faire plus d'efforts pour tenter de comprendre les événements de façon impartiale et ne pas se satisfaire d'une seule réponse et d'un seul avis dont personne ne doute.

Lorsqu'on ne sait pas reconnaître les signes physiques et psychiques que la peur peut provoquer chez l'humain, c'est assez difficile de dire ce qu'on ferait en ressentant ces symptômes alors qu'on doit prendre des décisions de façon stratégique et efficace.

Seuls ceux qui se sont retrouvés dans de telles circonstances et ont reconnu les signaux que leur corps leur a lancés peuvent comprendre. Si on n'a jamais connu la peur, la vraie peur de ne peut-être jamais pouvoir retourner chez soi, et si, en plus, cette situation se répète de soir en soir, je peux vous assurer, pour l'avoir vécu pendant ces nuits d'horreur, que vous ne pourrez pas reconnaître le danger et la peur aussi rapidement. Et j'en avais pourtant vécu des situations stressantes durant ma carrière.

Vous qui avez commenté mon intervention de façon systématiquement négative et avec beaucoup de mépris à mon endroit dans les médias, vous ne pouvez quand même pas nier le fait que c'était grâce à moi et à mes collègues que vous aviez encore un bureau, un local ou un studio de radio ou de télé dans lequel travailler lors de ces lendemains matin. On avait réussi, malgré notre faible nombre et nos équipements inadéquats, à minimiser les dégâts.

C'est vraiment pathétique de lyncher un être humain, de l'accuser, de le condamner sans forme de procès, de ruiner sa vie professionnelle et d'affecter irrémédiablement sa famille dans le simple but de sortir un *scoop* par le biais d'images prises hors contexte et passées en boucle. Tout cela en moins de 24 heures et sans aucun fait ni preuve tangible.

C'était pourtant clair comme de l'eau de roche que des émeutes éclataient au centre-ville de Montréal durant cette période noire. Personne ne pouvait nier ces faits, validés, contre-validés, rapportés par écrit, enregistrés sur bandes audio et vidéo, diffusés ici, repris partout dans l'univers et signalés par écrit par les policiers sur le terrain. Il faut être bien irresponsable et refusé d'être imputable pour ignorer la réalité telle qu'elle a été vécue.

Le soir de l'émeute, tous les grands réseaux médiatiques se trouvaient dans la rue au cœur de la violence. J'en ai personnellement vu aux abords de l'intersection problématique, angle Saint-Hubert et Sainte-Catherine. Je sais très bien qu'ils ont filmé l'ensemble de la situation qui dégénérait de minute en minute. Nous nous sommes littéralement battus pendant plus de 45 minutes pour reprendre la maîtrise de cette intersection.

En 45 minutes, on peut y voir qu'une multitude d'agressions ont été commises envers les policiers de quartier nullement équipés pour faire face à un tel niveau de violence. On peut y voir des projectiles lancés de toutes parts pour atterrir sur nous ou tout près de nous.

Parmi les manifestants supposément inoffensifs, certains étaient recherchés par la police, d'autres étaient des émeutiers professionnels et beaucoup d'entre eux connaissaient très bien la chanson.

Pourquoi alors n'avoir diffusé et rapporté que la dernière partie de ce dangereux face à face, qui mettait un terme définitif à ce désordre qui nous plaçait en état de danger étant donné le niveau de violence auquel nous étions soumis.

C'était malhonnête et de mauvaise foi que de diffuser seulement une partie de l'action, un extrait de quelques minutes, et de laisser penser qu'il s'agissait de brutalité policière. On ne peut détruire une personne à des seules fins de sensationnalisme. Ma vie n'était pas un film et personne n'avait le droit de la détruire. Si les gens avaient pu visionner l'intégralité de ce 45 minutes d'intenses combats et de violence, ils auraient très bien compris que mon intervention et la décision que j'ai dû prendre étaient justifiées, sans danger pour la santé et la vie de qui que ce soit, et qu'il s'agissait de mesures prises en dernier recours pour assurer notre sécurité et mener à bien les ordres donnés par nos supérieurs et la stratégie qu'ils avaient déployée.

Nul n'est censé ignorer la loi, et les carrés rouges, les émeutiers d'occasion et tous les individus qui se trouvaient dans la rue après avoir reçu l'ordre formel de dispersion devenaient des émeutiers au sens de la loi. Le climat politique et l'inertie des autorités municipales ne changeaient rien à ce principe.

Cette désinformation publique m'a coûté cher, aussi cher que la trahison de mon employeur, qui a laissé croire que c'était une saute d'humeur qui avait motivé mon intervention. C'est vraiment dommage que plusieurs se soient fiés à une seule séquence filmée de quelques minutes sur 45 et reprise *ad nauseam* pour conclure qu'une policière d'expérience n'ayant certes pas froid aux yeux aurait pu commettre une bavure par manque de patience un soir d'émeute. Pour décider qu'elle était une policière sans patience, impulsive et incompétente. C'est pourtant l'inverse. Je suis une policière dans l'âme et je me suis toujours donnée à fond dans tout ce que je fais, y compris mon travail. J'étais passionnée par mon travail et j'étais compétente en effectuant mon boulot.

J'ai travaillé dans des contextes de misère humaine. J'ai dû raisonner, tout au long de ma carrière, je ne sais plus combien d'âmes désespérées les amenant, sans utiliser la force physique, à faire ce que je voulais qu'elles fassent. Et laissez-moi vous dire que ce ne sont pas des personnes impatientes et impulsives qui réussissent ce genre de tour de force. J'ai désamorcé des situations de crise quotidiennement, juste en pratiquant de l'écoute active. Très souvent, ceux qui se trouvent dans une mauvaise passe n'ont besoin que d'être écoutés.

Peu importe l'image que je dégage, j'ai pratiqué ce métier pour aider les gens avec qui j'entrais en contact. Je retirais d'ailleurs énormément de satisfaction à aider les autres et, croyez-moi, il ne manquait pas de gens à aider au centre-ville.

Si j'avais été ne serait-ce que le un huitième de tous les qualificatifs que les médias ont accolés à mon nom et à mon matricule, c'est évident que je n'aurais pas pu être une policière en plein cœur des quartiers les plus chauds de la ville pendant autant d'années sans que je commette de bavures.

La réalité, c'est qu'avant le soir du 20 mai 2012, j'étais une policière à qui on n'avait absolument rien à reprocher. J'étais anonyme et réservée, ce que j'appréciais particulièrement. J'avais du caractère, oui, mais ça ne faisait pas de moi un monstre. C'est certain que j'étais unique en mon genre, et après? Est-ce que je devais me laisser intimider par des propos homophobes ou misogynes pour autant? J'étais incapable de tolérer ce genre de comportements, mais est-ce que cela me faisait toujours monter la moutarde au nez ? Parfois oui, parfois non. Mais, chose certaine, c'était au quotidien que je devais composer avec des propos déplacés et des commentaires haineux à mon endroit. Tous ceux et celles qui ont travaillé à mes côtés peuvent en témoigner.

Lorsqu'on attaque l'uniforme, on peut passer outre, mais lorsque les attaques sont personnelles et s'adressent à votre différence, c'est beaucoup plus difficile de ne pas se laisser affecter par ces propos vicieux et cruels.

À l'interne, au sein du service, c'était beaucoup plus subtil et hypocrite. Les commentaires désobligeants à mon égard étaient évidemment formulés dans mon dos et j'en apprenais la teneur par des collègues proches de moi. J'en ai entendu de toutes sortes et certains étaient surtout motivés par mon orientation sexuelle. Étonnamment, beaucoup de ces insultes à mon insu provenaient d'officiers.

Je n'avais pas choisi ce métier pour me faire des amis. J'étais très consciente que je ne faisais pas partie de la clique, mais ce n'était pas mon but. Je n'étais pas prête à faire n'importe quel compromis pour obtenir une promotion. Je ne faisais pas l'unanimité, mais je n'y accordais pas tellement d'importance. Je sais aussi que je dérangeais certains collègues, certains inquiets et d'autres qui étaient jaloux de mes capacités. J'en ai même rencontré qui me disaient se sentir intimidés en ma seule présence.

À un moment donné, j'ai même eu vent que quelqu'un à l'intérieur de mon poste remettait des formulaires de plaintes en déontologie policière à des citoyens du quartier où avaient été inscrits mon nom et mon numéro de matricule. Incroyable, pensez-vous. Ce n'est pas pour rien que je n'ai pas été surprise d'apprendre que certains collègues s'étaient cachés derrière l'anonymat et avaient remis des courriels, que je qualifierais de pourriels, à un animateur radiophonique.

J'étais reconnue pour ne pas avoir la langue dans ma poche. J'étais plutôt du genre à m'affirmer et à émettre mes opinions. C'est sûr que ça ne faisait pas l'affaire de tous. Dans le domaine policier, on préfère les employés qui adhèrent à des concepts sans poser de questions. On est donc mal à l'aise face à quelqu'un qui demande parfois des explications.

Je m'assumais depuis mon jeune âge. J'avais appris à foncer si je voulais obtenir ce que je désirais. Je ne devais rien à personne et n'avais pas l'intention qu'il en soit autrement. J'avais aussi compris qu'on ne peut s'arrêter à ce que les gens disent sur soi, ça n'avance à rien. Des embûches, j'en avais trouvé plusieurs sur ma route et je les avais toutes surmontées.

Ce chapitre de ma vie a été parsemé de ces embûches, mais je possède la caractéristique particulière d'être forte, endurcie que je suis par toutes ces années à exercer un des métiers des plus palpitants et des plus difficiles. Grâce à ma force de caractère et ma personnalité particulière, j'avais à ma disposition plusieurs atouts pour survivre à cet enfer.

Mais je n'ai eu d'autre choix que de venir à la conclusion que l'acharnement constant, les moyens utilisés, l'absence de soutien affiché à mon endroit et toutes ces tactiques mises en œuvre pour me détruire et me salir n'avaient qu'un seul et unique but : m'anéantir, me faire disparaître à jamais. Je crois qu'on a tout fait pour que je pose le geste ultime. Comme cela, ils en auraient eu fini avec la lesbienne maintenant devenue dangereuse, car elle possédait la vérité et les preuves qui allaient avec.

Pour eux, ce qui semblait important, c'était que la vérité ne fasse jamais surface en me désignant comme responsable d'une bavure qui n'a jamais été commise. Ils se sont dégagés des responsabilités que leur commandait leur fonction respective concernant le violent printemps 2012. Tout le blâme a été mis sur moi. Il a été détourné de façon à ce qu'il repose exclusivement sur moi, au lieu d'être porté par l'administration municipale et l'état-major de la police.

C'est de là qu'aurait dû venir le leadership nécessaire pour maintenir la paix et l'ordre dans une métropole en proie à la violence et à la désobéissance civile. Ce sont eux qui auraient dû répondre aux questions concernant la gestion de ces événements perturbateurs, qui étaient devenus le quotidien de milliers de Montréalais et affectaient, soir après soir, commerçants et citoyens sur le plan financier, physique et psychologique.

Pourquoi avoir décidé de ne pas dire la vérité à la population sur ce qui s'est passé le soir du 20 mai et avoir sciemment continué à nourrir la perception qu'une bavure avait été commise? C'est bien simple. Si les autorités avaient fait cela, elles auraient admis avoir omis de faire appliquer la loi, d'assurer la sécurité du territoire, de maintenir l'ordre, des valeurs fondamentales d'une société dite démocratique et de droit.

Une société ne peut décider d'être inégale dans l'application de la loi. Peu importe le climat politique ou les revendications sociales, la loi doit être appliquée comme le veut la société qui s'est dotée d'un code de vie pour s'assurer de vivre en paix. Les autorités doivent appliquer nos lois peu importe le contexte, le climat politique et l'endroit, partout au Canada. Aux dernières nouvelles, j'habite au Québec, mais mon passeport est canadien. Et Montréal, c'est bien une ville qui se trouve dans un pays qui s'appelle le Canada, non?

Les policiers canadiens sont formés en fonction du Code criminel. C'est notre outil de travail. Tout policier doit le maîtriser d'une main de maître pour être en mesure de connaître ses devoirs et effectuer ses tâches avec assurance et compétence.

LE CODE CRIMINEL ET LES ÉMEUTES

Comme, à ma connaissance, très peu de représentants de l'ordre, de juristes, de commentateurs et de politiciens n'ont parlé ou expliqué convenablement la teneur du Code criminel aux citoyens durant le Printemps érable, je vais vous faire part de ce que dit la loi canadienne au sujet des émeutes et la manière de les contrer.

Il est capital de savoir que tout a été pensé dans notre Code criminel pour voir à stopper les émeutes et punir les émeutiers qui peuvent sévir dans les pénitenciers, les prisons et dans tout lieu public.

Le Code criminel reconnaît le droit fondamental des citoyens à manifester pour quelque raison que ce soit. Par contre, il établit des règles strictes et des limites à l'exercice de ce droit.

Ainsi, tout le monde a parfaitement le droit de manifester paisiblement et dans l'ordre. Du moment que la situation devient tumultueuse, lorsque la tension monte et que le calme fait place au désordre, la manifestation devient alors un attroupement illégal. C'est à ce moment précis que le Code criminel entre en application.

Si les manifestants refusent de quitter les lieux à la suite des ordres des policiers, ils sont sujets à se retrouver en état d'arrestation pour attroupement illégal. Si la situation dégénère par la suite de façon violente et que des actes criminels tels que des méfaits et des agressions armées sont commis envers les policiers, une proclamation d'émeute doit être lue aux manifestants.

Pas besoin de réécrire les règlements municipaux ni de promulguer de lois spéciales pour appliquer la loi. Elle existe en noir et blanc dans les articles 63 à 68 du Code criminel du pays (*voir Annexe III, articles 63 à 68, p. 263*). C'est clair et net. À la suite de la proclamation d'une émeute, un ordre de dispersion est donné verbalement, et cela, le plus près possible du lieu où l'émeute a éclaté. Ainsi, lorsque vous vous trouvez dans un attroupement de manifestants et voyez que la situation se gâte et devient dangereuse, et quand vous entendez des ordres de dispersion qui proviennent d'un camion muni d'un porte-voix, vous avez une demi-heure pour quitter les lieux.

Si vous demeurez sur les lieux, vous vous exposez à subir des blessures ou toute conséquence inhérente aux manœuvres des policiers pour contrer la violence qui sévit. Vous êtes, de plus, susceptible de subir une arrestation pour avoir participé à une émeute.

Les policiers ont des obligations, des devoirs à accomplir dans les cas précis de répression des émeutes. S'ils refusent les ordres donnés lors d'une émeute, ils peuvent même être accusés de ne pas avoir fait leur devoir.

Étant donné que le Code nous oblige à intervenir, il nous confère une immunité contre toutes accusations, tant criminelles que civiles. Il s'agit d'une protection garantie par le Code criminel pour nous forcer, policiers, à réprimer les émeutes à tout prix. On peut utiliser n'importe quel moyen pour se défendre et empêcher la progression et la continuité d'une émeute.

Ce n'est pas le service de police ni l'opinion publique, ni les médias de tous genres qui décident du contexte légal d'une situation comme celle que l'on a vécue au centre-ville de Montréal au printemps 2012. C'est le Code criminel qui nous le dicte. Ce fut le cas lorsque le commandant en charge du territoire en a fait la proclamation le soir du 20 mai et a donné un avis de dispersion pour tous. On s'est alors retrouvés au cœur d'une émeute, et les protections qui nous sont conférées par le Code criminel sont entrées en application.

Ce qu'il faut comprendre, c'est que ce n'est pas parce qu'on refuse d'appeler les choses par leur nom qu'elles ne se sont pas produites. Il y a bel et bien eu des émeutes dans les rues de Montréal en 2012 et, en refusant de le reconnaître publiquement alors que tous les rapports de police en faisaient foi, les autorités de la ville ont caché la vérité aux citoyens et ont manqué à leur devoir primaire d'assurer leur sécurité. Par le fait même, ils ont privé leurs policiers des protections qu'ils étaient en droit de recevoir en intervenant dans une émeute.

Une telle émeute se termine lorsque le commandant de l'opération déclare que le retour au calme est revenu et que les policiers ont repris la maîtrise du territoire affecté. Elle peut s'étaler sur plusieurs heures, et celle du 20 mai a duré six heures en tout.

Une émeute est une situation extrêmement dangereuse, hautement angoissante et combien stressante en tant que policier. Il faut s'assurer de rester en vie pour venir en aide au plus de gens possible. C'est une situation de survie en milieu urbain.

On se retrouve au front sans trop de ressources, tant sur le plan de l'équipement que sur le plan des effectifs. On n'a alors aucun soutien logistique. On ne peut compter sur aucun moment de répit, ne serait-ce que pour s'hydrater avec un peu d'eau ou pour aller soulager un besoin naturel, et cela, comme ça s'est produit le soir du 20 mai, pendant six longues heures.

Ce sont des conditions de travail extrêmes, dans un climat de violence inouï dirigée vers nous, hommes et femmes ayant prêté serment de vous servir et de vous protéger.

Pensez-y! Six heures à courir partout dans le centre-ville, attaqués par une foule en délire, sans pouvoir boire une seule goutte d'eau. Il y a là de quoi exténuer n'importe quel humain, et c'est ce genre de situation qu'ont vécu tous les policiers qui travaillaient, soir après soir, durant le printemps 2012.

C'est bien simple, si on avait le malheur de trébucher et de tomber au sol, on se retrouvait dans une situation potentiellement mortelle, puisque l'encerclement et l'acharnement des manifestants auraient été sans pitié. Dès qu'on se retrouvait par terre pour, par exemple, effectuer une arrestation, on se retrouvait en position vulnérable. On essuyait des coups de pied et des coups de poing des émeutiers. Il était donc extrêmement dangereux et difficile d'en effectuer, car les assaillants étaient trop nombreux.

On pouvait seulement les repousser et s'assurer que la manœuvre de dispersion fonctionne, car on ne pouvait rien faire d'autre.

Si l'on ne veut pas revivre un épisode de violence aussi désolant que ce printemps à oublier, il faut que les dirigeants élus et nommés pour occuper des postes de commande dans notre ville aient la volonté et le courage de faire leur devoir.

La loi doit être appliquée. Il doit y avoir des conséquences aux gestes illégaux commis. En laissant certains citoyens la bafouer comme on l'a vu pendant des mois, on a créé une sorte de *no man's land,* où le chaos régnait en maître.

Les gens qui refusent d'obtempérer aux ordres donnés par les agents de la paix décident du même coup d'assumer de participer à un attroupement illégal, par conséquent une émeute. De ce seul fait, ils s'exposent à des arrestations, à ce que des accusations soient portées contre eux et à comparaître devant un juge. Celui-ci émettra alors des conditions, telles que de ne pas se retrouver dans une manifestation et même dans une zone ou quadrilatère donné. Ce sont des conditions qu'ils devront accepter et respecter s'ils veulent retrouver leur liberté. Sinon, ils se retrouveront de nouveau devant monsieur le juge. Et cela, sans compter le fait qu'ils peuvent être condamnés à la prison une fois leur procès tenu.

C'est comme cela que notre société, par l'entremise de ses lois, a décidé de gérer le chaos social. C'est exactement comme cela que l'administration de notre justice aurait dû être appliquée durant la crise.

Malheureusement, on a choisi de mettre un certain groupe d'individus dans une classe à part et le principe qui veut que tout le monde soit égal devant la loi ne tenait plus.

Je crois qu'en agissant ainsi, les autorités montréalaises ont créé un précédent. Et en s'obstinant à vouloir gérer la violence de façon pacifique, comme le porte-parole officiel du service de police s'est tué à le répéter pendant la crise, Montréal a pratiquement établi un record mondial en étant le théâtre, durant cette période, de plus de 600 manifestations. Et ses citoyens ont passé des mois à se demander quand la paix et la tranquillité allaient revenir.

Je crains sincèrement que si on continue de nier les faits, que si on n'en tire pas une sérieuse leçon, ce n'est qu'une question de temps avant que ce phénomène de foule enragée prenne à nouveau nos rues et vienne à nouveau nous hanter.

J'ai fait un test avec un enfant de six ans. Je lui ai verbalisé un ordre de s'en aller, une seule fois. Puis, je lui ai demandé ce que cela signifiait pour lui. Il m'a immédiatement répondu :

— Ça veut dire de s'en aller.

C'est donc vrai que l'âge mental d'une foule ne dépasse pas quatre ou cinq ans!

DÈS MON RETOUR SUR LE PLATEAU

Malgré la couverture médiatique intense et accusatrice que mon geste avait provoquée, je me suis quand même présentée au travail à mon poste du Plateau-Mont-Royal dès le lendemain matin de l'émeute pour entreprendre mon quart de travail comme à l'habitude.

Je me suis dirigée vers 15 h à la salle de rassemblement pour assister au *fall-in,* le rassemblement de l'équipe avant chaque quart de travail. Ce rassemblement s'est déroulé normalement. Il n'y avait rien de spécial au programme jusqu'à ce que mon sergent mentionne que je ne pouvais plus être affectée à une manifestation. J'ai tout de suite répliqué :

— Ça y est, ils vont me blâmer pour être intervenue !

Et lui de répondre :

— Non, pas du tout. C'est simplement pour ta sécurité, car il semble que certains manifestants cherchent à te faire un mauvais parti.

Effectivement, la vidéo de la supposée bavure policière était devenue virale. Les réseaux sociaux s'étaient enflammés à mon sujet et on tenait à me retrouver. À ce moment-là, seul mon numéro de matricule était connu, pas mon identité. On la cherchait, on essayait de trouver à quelle unité de la police j'appartenais.

Le niveau de tension et de danger envers moi était tel que mon propre département, le Service de police de Montréal lui-même, a ouvert un dossier relativement à l'intimidation dont je faisais l'objet, dès le lendemain de l'émeute du dimanche 20 mai.

Quand j'ai commencé mon quart de travail, dans la soirée du 21 mai, une des premières interventions que j'ai eu à effectuer concernait une plainte de bruit dans un immeuble de l'avenue du Mont-Royal. L'appartement visé par la plainte était connu de tous les résidents du quartier. Plusieurs citoyens se plaignaient régulièrement du bruit excessif qui y régnait et des nombreux comportements contre l'ordre public qui y sévissaient.

Il y avait là un va-et-vient continuel, de jour comme de nuit. De la musique à tue-tête en émanait jusque tard dans la nuit. Des haut-parleurs de trois pieds de haut installés dans les fenêtres diffusaient à répétition, jour après jour, des discours du leader étudiant Gabriel Nadeau-Dubois. Un immense drapeau en forme de carré rouge couvrait presque toute la devanture de l'immeuble. On ne pouvait pas le manquer. Et on ne pouvait que penser qu'il s'agissait d'un quartier général des carrés rouges.

Les appels contre cet appartement étaient nombreux, et ce, depuis plusieurs semaines.

Un citoyen m'a approchée alors que j'étais en train de faire le plein à la station-service située en face de l'immeuble. Il m'a fait savoir qu'il était exaspéré de vivre près de cet immeuble et d'entendre continuellement les bruits qui provenaient de là, le qualifiant de bordel bruyant. Il n'était pas sympathique aux carrés rouges et à leurs manifestations. Il m'a demandé pourquoi la police n'intervenait pas ; il voulait qu'on fasse quelque chose, qu'on règle ce problème une fois pour toutes. Je lui ai promis qu'on allait y voir.

On n'avait pas le choix. Pendant qu'on faisait le plein, ma partenaire et moi étions forcées de constater que de la musique trop forte et des cris excessifs émanaient de l'appartement en question.

On a donc quitté la station-service et emprunté l'avenue du Mont-Royal, direction ouest. En passant devant l'immeuble, on a aperçu un individu assis sur le rebord d'une fenêtre du troisième étage, les pieds dans le vide, qui chantait à tue-tête. On lui a fait des signes, on l'a interpellé avec le porte-voix, rien à faire. Il nous ignorait complètement. On a monté au troisième étage par l'arrière ; on devait faire cesser cette infraction. Le comportement de cet individu était dérangeant et inquiétant pour sa sécurité.

Quand on s'est présentées à l'appartement, on a reçu tout un accueil de la part de quatre individus extrêmement agressifs verbalement et tenant un discours incohérent à saveur de fanatisme. On a demandé à parler au responsable des lieux ; aucune réponse. Il n'y avait pas moyen de calmer l'ambiance survoltée. Ils ne nous ont même pas laissé le temps d'expliquer la raison de notre visite. Ils ne faisaient que gueuler plus fort les uns que les autres.

Alors qu'on s'apprêtait à quitter les lieux, l'un des individus m'a reconnue et m'a dit :

— Je suis bien content que tu sois venue parce, maintenant, je peux mettre un nom sur ton matricule. Tu vas voir, on va t'avoir à l'usure…, a-t-il rajouté.

Je lui ai demandé alors s'il tentait de m'intimider et je l'ai mis en garde des conséquences d'intimider un agent de la paix. Dès qu'on a quitté les lieux, je me suis rendue au poste pour aviser mon sergent qu'il était évident que j'allais avoir, dans un proche avenir, des problèmes avec les individus qui fréquentaient le logement en question. Je lui ai résumé notre intervention et l'ai mis au courant qu'un des individus interpellés avait affirmé vouloir m'avoir à l'usure.

Pas moins de quatre heures plus tard, ma photo et mon nom au complet apparaissaient sur de faux comptes Facebook et Twitter! Je n'avais jamais possédé de comptes sur les réseaux sociaux. Malgré cela, ces lâches, cachés derrière leur ordinateur, avaient trouvé le moyen de m'identifier et de fabriquer de faux profils du matricule 728, alimentant la haine, la vengeance et le mépris à mon endroit.

À partir de ce moment, j'ai alimenté les réseaux sociaux de façon soutenue. J'étais devenue l'incarnation de la bavure policière, la pire agente que la police de Montréal ait engagée, et on voulait ma destitution. La pression était rendue insoutenable.

Pendant les manifestations qui ont suivi, on brandissait des pancartes à mon effigie. On pouvait y lire « On veut 728 », et les manifestants en avaient fait un slogan qu'ils scandaient à répétition.

J'étais devenue la tête de Turc, le bouc émissaire, de tout ce mouvement social. La population s'était faite à l'idée que j'avais commis la pire bavure qu'un policier pouvait commettre. Je venais d'être jugée, accusée et trouvée coupable en moins d'une journée. Et sans qu'on sache ce qui s'était réellement passé lors de mon intervention au poivre de Cayenne.

Mon propre service m'avait condamnée publiquement dès le lendemain matin dans tous les médias montréalais. Pourtant, par miracle, personne n'avait été tué, personne n'avait été grièvement blessé ce soir-là. On venait de sacrifier ma carrière, de mettre en danger ma famille et changer ma vie à jamais pour calmer les médias et camoufler le fait que la police de Montréal était impuissante à gérer les manifestations violentes.

Lorsque les autorités s'adressent aux médias et essaient d'expliquer qu'on a tenté de gérer paisiblement les quelque 600 manifestations en moins de 4 mois à Montréal durant le Printemps érable, c'est qu'ils n'ont jamais expérimenté eux-mêmes la violence urbaine. Il faut vivre dans une tour d'ivoire pour avoir une telle ligne de pensée.

On ne peut gérer la violence de façon pacifique. Le dimanche soir 20 mai, nous, policiers, encerclés par des émeutiers en délire, ne pouvions nous en sortir en donnant des poignées de main ou des tapes dans le dos. Nous ne pouvions accepter d'être blessés parce que le climat politique et social l'aurait voulu.

Tout au long de ce bordel, les policiers montréalais, surtout ceux affectés aux postes de quartier, ont fait preuve d'une très grande tolérance au stress et au danger. Nous avons été chanceux de ne pas avoir subi des pertes de vie humaine, autant chez les citoyens que chez les policiers.

Les dirigeants de la ville, sans exception, ont manqué à leur devoir premier : assurer la sécurité de ses citoyens. De plus, aucun d'entre eux n'a été imputable pour ce fiasco monumental.

Dites-vous bien que si les policiers d'une ville ne sont pas en sécurité, les citoyens de cette ville ne peuvent l'être.

Constatant que toute la population m'avait condamnée, que mon état-major m'avait blâmée et abandonnée à mon sort, j'ai dû me retirer temporairement du travail que j'aimais pour ma sécurité et celle de ma famille. Cette semaine-là a été pénible et ardue. J'étais abasourdie et stupéfaite de constater que j'étais devenue l'ennemie publique numéro un.

UN LONG CALVAIRE

Ce fut le début d'un long calvaire qui, à ce jour, n'est toujours pas terminé. On a parlé de moi pendant des semaines et des semaines dans les médias et on a tenu toutes sortes de propos méchants, souvent faux et non vérifiés, pour me salir et me discréditer.

On a monté des spectacles-bénéfices sur moi en s'attaquant à mon orientation sexuelle, mon apparence physique, mes traits de personnalité atypiques, ma forme physique, et j'en passe. On a vendu des t-shirts, des chandails, des peintures et des affiches à mon effigie.

On a publié des caricatures de très mauvais goût et des éditoriaux peu élogieux. On a diffusé des reportages télé où l'on revoyait toujours, en boucle, les mêmes images, répétant sans cesse qu'il s'agissait d'une bavure, d'un dérapage, de brutalité policière.

Cette propagande a eu l'effet désiré. À force de voir toujours les mêmes images et d'entendre toujours les mêmes commentaires, les gens ont adhéré à la théorie véhiculée par les médias traditionnels et les médias sociaux. Le jugement est tombé : c'est une folle, qui a agi sous le coup de la frustration et de l'impatience. On veut son congédiement et on veut qu'elle soit traduite devant les tribunaux.

Les carottes étaient cuites pour moi. Ma carrière était finie. Ma vie et celle de mes proches étaient changées à jamais. Sous le choc, sachant très bien que j'avais rempli mon devoir du mieux que j'avais pu, je suis entrée dans une zone que l'on pourrait qualifier de protection.

J'ai essayé de ne pas trop me tenir au courant de ce qui se disait sur moi, autant dans les médias sociaux que les médias traditionnels, mais que je le veuille ou pas, mon entourage ne pouvait y échapper. Même si j'en étais très affectée, je ne saisissais pas encore toute l'ampleur du dommage de cette médiatisation monstrueuse. Je voyais, par contre, la douleur causée par la condamnation de l'opinion publique sur le visage de ma famille, de mes proches.

J'ai compris que notre vie ne serait plus jamais comme avant. On venait de détruire le pilier d'une famille et des pires façons qui soient : cyberintimidation, défoulement collectif, propos homophobes, menaces, propos vulgaires, attaques sur mon physique, images dégradantes, propos humiliants, attaques personnelles et atteintes à ma réputation et à ma dignité.

Et sur quels faits concrets, réels, était basée cette campagne de haine à mon endroit ? J'avais réagi comme tout policier doit le faire dans les mêmes circonstances. J'avais obéi aux ordres des officiers supérieurs. J'avais défendu et protégé mes confrères en danger. Je n'avais pas utilisé une arme dangereuse. On n'avait rien d'autre en main qu'une canette de poivre de Cayenne pour disperser des émeutiers en délire, et c'était moi qui l'avais. Et je devrais être blâmée pour l'avoir utilisée à bon escient, sans que personne ne soit blessé, ni chez les manifestants ni chez les policiers ? Où était le drame ? Où était le crime ?

Le phénomène de violence urbaine est bien documenté partout dans le monde. Il peut se produire dans tous les pays, pour toutes sortes de raisons. Ces émeutes se produisent assez fréquemment en Europe, entre autres en Angleterre, où les chevaux sont utilisés en très grand nombre pour contenir les manifestations.

Ce n'est, par ailleurs, pas d'hier qu'on tente alors de blesser ces bêtes. Les tactiques utilisées par les émeutiers sont très bien connues de nos forces de l'ordre depuis longtemps. Dans l'histoire du SPVM, cela s'est entre autres produit en 1968, lors d'une émeute où plusieurs policiers et plusieurs chevaux ont été blessés.

Lorsque les autorités se sont obstinées à prétendre ne rien savoir à propos d'attaques contre notre cavalerie lors du Printemps 2012, dites-vous bien qu'elles ne disaient pas la vérité. Tout comme ce ne l'était pas quand elles ont affirmé qu'elles géraient les manifestations de façon pacifique. C'était leur excuse miracle, cela, de gérer de façon pacifique. Ce n'était que de la poudre aux yeux.

Il faut croire que leur stratégie mensongère a fonctionné, car personne ne semblait s'indigner du fait que la ville était prise en otage, que les commerces perdaient de l'argent, que des dommages étaient causés aux immeubles et aux véhicules des citoyens. Personne ne semblait réagir aux engorgements de la circulation qui avaient rendu les citoyens du centre-ville sur les dents et à bout de nerfs.

À vue d'œil, personne à la ville de Montréal n'était imputable pour cette situation déplorable, intolérable et inacceptable, qui entachait la réputation enviable que la ville avait mondialement acquise concernant la sécurité de ses rues et de son centre-ville, et l'hospitalité de ses habitants.

Dans les faits, ils ne voulaient tout simplement pas avouer aux citoyens de Montréal que lors de ces nombreuses émeutes, ni eux ni les policiers n'étaient en sécurité dans les rues de la ville. Ils ne voulaient pas semer l'inquiétude et l'insécurité.

Ils ne voulaient pas admettre la gravité de la situation, car ça aurait été admettre ne pas avoir effectué leur devoir premier de protéger les citoyens en tout temps. Ça aurait été d'avouer qu'ils ne réussissaient pas à gérer la crise en la laissant perdurer et s'aggraver.

La vérité c'est que passé 20 h, durant tous ces soirs-là, et surtout les fins de semaine, la ville était laissée entre les mains de casseurs et d'émeutiers professionnels et d'occasion.

Nous, policiers sur le terrain, connaissions la véritable situation. On devait affronter cette violence nocturne tous les soirs avec les moyens du bord.

Quelqu'un devrait être imputable pour avoir permis qu'un tel gâchis se produise et se reproduise tous les jours durant de longues semaines. L'histoire, en général, nous enseigne que ces crises mal gérées pour toutes sortes de raisons se terminent souvent très mal. Règle générale, quelqu'un, d'un côté ou l'autre, en paie le prix ultime.

Ici, cette crise a connu son tournant alors que j'effectuais le travail pour lequel j'étais payée. On protégeait l'intégrité physique des citoyens de Montréal, de nos confrères et de nos chevaux attaqués de toutes parts. C'était essentiel, dans notre stratégie d'intervention, de maintenir une ligne de protection intacte pour protéger les citoyens et le mobilier urbain qui se trouvaient sur cette portion de rue devenue piétonnière par la force des choses. Les manifestants tentaient de s'emparer de tout ce qui leur tombait sous la main pour nous le lancer.

Il fallait que l'ordre de dispersion soit donné. La situation s'empirait. La fatigue se faisait ressentir auprès des troupes après pas moins de 45 minutes de corps à corps épuisant à repousser les attaques des émeutiers et à essuyer toutes sortes de projectiles plus dangereux les uns que les autres lancés en notre direction.

Il fallait que la dispersion réussisse sans perdre plus de temps. Il ne nous restait que le poivre de Cayenne pour nous sortir du pétrin. Après deux jets de poivre de Cayenne, le but était déjà atteint. Ces jets causent des irritations aux muqueuses, et le groupe d'individus visés s'est dispersé. Un résultat efficace, sans causer quelque blessure que ce soit à quiconque.

Je ne pouvais cependant pas me permettre de cesser ma manœuvre. La situation n'était pas maîtrisée. Elle était dangereuse pour les citoyens qui se trouvaient derrière notre ligne de défense. De nouveaux projectiles, provenant de la place Émilie-Gamelin, ont commencé à pleuvoir plus intensément sur nous.

Mon geste a été critiqué sans cesse, mais j'aimerais souligner qu'après cette soirée du 20 mai, on n'a plus vu de scènes de violence au centre-ville jusqu'au week-end du Grand Prix de Montréal, au mois de juin suivant. À ce moment-là, comme le bordel semblait vouloir reprendre et que cela aurait nui à l'économie québécoise, les autorités ont finalement démontré du courage et ont appliqué la loi. Résultat : contrôle quasi total de la ville, une première en... quatre mois!

Si d'aucuns se demandent encore si les services de police sont indépendants de la classe politique, vous avez là la réponse. Durant ce printemps chaotique, on a pu voir que la question politique a grandement influencé le cours de cette crise. Quand on voit des représentants d'un parti politique porter le carré rouge à la boutonnière, il n'y a plus de doute quant au fait que ce charivari avait une saveur nettement politique.

Personnellement, je crois que cette crise a duré aussi longtemps parce que son but premier n'était pas vraiment les revendications de frais de scolarité des étudiants, mais de se débarrasser du parti au pouvoir et de s'attaquer au système judiciaire de n'importe quelle façon.

MA TÊTE MISE À PRIX

Après m'être fait reconnaître dès le premier appel auquel j'ai répondu le lendemain de mon intervention au poivre de Cayenne, j'ai constaté que ma tête avait été mise à prix autant à l'extérieur qu'à l'interne. Il m'était maintenant impossible d'effectuer mon travail paisiblement comme avant puisque c'était devenu une affaire trop personnelle. C'était maintenant trop dangereux pour mes collègues et moi que je retourne sur le terrain.

Victime de cyberintimidation, d'intimidation et de harcèlement continus, je me suis tournée vers mon employeur pour avoir du soutien, pour qu'on m'aide à traverser cette épreuve, mais ce dernier m'a tourné le dos. Quelques officiers ont tenté de venir à mon secours, mais il n'y a jamais eu de volonté de la part de l'état-major de rétablir les faits. D'expliquer au public ce qui s'était vraiment passé.

En agissant ainsi, mon employeur, que je respectais au plus haut point jusque-là, m'a pointée du doigt comme étant une policière qui avait dérapé alors que, dans les faits, ils savaient très bien dans quelles circonstances cette intervention avait eu lieu. Ils avaient en main tous les rapports opérationnels, qui décrivaient en détail toute la violence qui sévissait alors, et ils étaient parfaitement au courant de l'ampleur du danger auquel on avait fait face.

En refusant de m'aider et de rectifier les informations diffusées par les médias, ils m'ont carrément sacrifiée sur la place publique. Ils m'ont abandonnée et trahie alors que mon intervention était tout à fait conforme aux politiques du service en matière de répression des émeutes et d'emploi de la force dans pareilles situations. En agissant ainsi, ils m'ont carrément donnée en pâture aux journalistes.

J'avais agi, dans l'imaginaire des gens, sous le coup de la frustration, de la colère et de l'impatience, alors que j'avais fait exactement ce qu'on attendait de moi et ce pour quoi j'étais payée.

Les autorités du Service de police de Montréal ont choisi de ne pas dire la vérité en refusant d'expliquer à la population la nature des violences auxquelles leurs policiers faisaient face pendant ces soirées d'émeutes au centre-ville.

C'est dégueulasse d'avoir fait passer une de ses employés pour un paria, alors qu'elle ne faisait que son travail, qu'elle n'exécutait que les ordres de ses officiers supérieurs pour veiller à la protection des citoyens.

C'est inhumain ce que le pouvoir peut faire pour cacher sa non-volonté d'assumer ses responsabilités, évitant ainsi d'être imputable d'un tel désastre. C'est se servir inopinément de quelqu'un comme paravent, et ce n'est ni très courageux ni très responsable. J'en sais quelque chose, ce paravent, c'était moi.

J'avais pourtant clairement rapporté tous les faits dans le rapport soumis à mon supérieur. Le rapport avait été dûment approuvé, car il correspondait en tous points aux directives du service en de semblables situations. Il avait ensuite été confirmé par l'inspecteur-chef de mon poste de quartier qui devait rendre compte à l'état-major de la dynamique de mon intervention. Il semblerait que, au quartier général, plus précisément au septième étage, mon intervention ne faisait plus l'unanimité, surtout auprès de la direction.

On a alors déclaré publiquement, par la voix de leur porte-parole des relations publiques, « qu'ils prenaient cette affaire très au sérieux, qu'on ouvrirait une enquête, que j'avais été rencontrée par la Division des affaires internes et que, des fois, ça arrive qu'on en échappe une... ».

Pour remettre les pendules à l'heure, il faut que je vous dise que je n'ai jamais été rencontrée par qui que ce soit de la Division des affaires internes, qu'il n'y a jamais eu, à ma connaissance, d'enquête instituée et qu'on ne m'a pas retiré mes fonctions, comme on l'a aussi affirmé.

Toutes les déclarations faites à cet effet par le porte-parole du service au lendemain de mon intervention sont fausses.

— Ce sont des déclarations visant à calmer la presse et la population, m'a-t-on expliqué.

Je sais que je me répète, mais le travail du relationniste de la police est de dire la vérité et ne surtout pas émettre de commentaires personnels. Je continue de croire que, dans mon cas, ces règles n'ont pas été respectées. Qu'elles ont été bafouées.

Cela a grandement contribué à saboter ma carrière et à me faire passer pour une folle qui avait perdu la maîtrise de ses émotions lors de l'émeute du 20 mai. Pendant que la population se défoulait sur moi, nos dirigeants pouvaient se cacher pour éviter de rendre des comptes sur leur gestion de la crise, pour laquelle ils auraient dû être imputables.

Avant de me crucifier et de me condamner de façon cruelle et indélébile, on aurait dû expliquer aux médias et à la population quelle était exactement la situation qui prévalait au moment de mon intervention au poivre de Cayenne et quels étaient alors les ordres donnés par mes supérieurs.

On aurait dû souligner en caractère gras qu'on se trouvait en pleine émeute et que, dans pareille situation, nous avions le devoir d'agir, car les ordres de dispersion étaient en vigueur. On aurait dû insister sur le niveau de danger qui prévalait et que les policiers devaient affronter.

En expliquant le contexte de façon claire, le grand public aurait su que des policiers avaient été agressés à cette intersection et avaient besoin de secours immédiat. Les gens auraient alors compris que nous venions en aide à nos collègues en danger imminent pour leur vie.

Le danger était si imminent que, tout à coup, on a vu apparaître la cavalerie pour tenter de reprendre et garder la maîtrise de l'intersection.

On aurait également dû expliquer pourquoi on avait bloqué l'intersection Sainte-Catherine Est et Saint-Hubert, en particulier aux manifestants.

La réponse est bien simple : la rue Sainte-Catherine Est, à cette époque de l'année, est fermée à la circulation automobile à partir de la rue Saint-Hubert. Elle devient une rue piétonnière pour la saison estivale, et ce, jusqu'à la rue Papineau. La plupart des restaurants du Village gai s'y trouvent et plusieurs y offrent des terrasses extérieures. Imaginez les dégâts qu'auraient pu causer les milliers d'émeutiers s'il avait fallu perdre la maîtrise de l'intersection.

Dernier point sur lequel les gens auraient dû être renseignés : pourquoi les émeutiers ont-ils refusé de quitter les lieux après plus de 45 minutes d'ordres claironnés à plusieurs reprises et pourquoi continuaient-ils à tenter de percer la ligne de protection qu'on défendait bec et ongles ?

Ç'aurait été tellement simple de le dire franchement : les émeutiers étaient de plus en plus nombreux et, avec l'arrivée de la cavalerie, ils s'en prenaient maintenant aux chevaux. On savait que plusieurs étaient en possession de lames de rasoir et qu'ils voulaient s'en servir pour les blesser et les faire paniquer. Ils lançaient aussi des billes dans leurs pattes pour les faire chuter.

Si quelqu'un s'était donné la peine d'expliquer ces faits clairement à la population, on aurait compris quelle était la vraie version de cette soirée d'horreur du 20 mai 2012, qu'on allait me reprocher alors que je ne faisais que mon devoir.

On a refusé de le faire et, par conséquent, j'étais impuissante devant ce raz-de-marée qui déferlait sur moi. Je me suis retrouvée isolée, traquée comme une bête sauvage. La plupart du temps, je me terrais dans mon domicile.

Ayant vécu toute ma vie sur la Rive-Sud de Montréal, je participais habituellement à diverses activités sociales et sportives. J'ai dû cesser, étant devenue l'attraction principale partout où je me présentais.

J'ai évité d'être vue publiquement pendant plusieurs mois. Pointée par les médias, cible de choix des réseaux sociaux pendant de longues semaines, j'ai tenté de protéger ma famille le mieux possible de cette campagne de dénigrement sans précédent et sans fin.

Forcée de ne pas travailler, j'ai même fait une déclaration d'accident de travail à la CSST, mais le bureau de Longueuil m'a appris, après plus de trois mois d'attente, que ma demande était refusée. Quand j'ai demandé quels en étaient les motifs, on m'a répondu :

— On ne peut répondre à votre demande, car cela fait partie de votre travail de vous faire intimider et de vous faire menacer…

— Qu'est-ce que je dois faire, alors ?

— Portez plainte à la police !

C'est exactement ce que j'ai fait. Laissée à moi-même, ne pouvant compter que sur très peu de personnes, j'ai entrepris plusieurs démarches auprès de mon syndicat et de mon employeur pour faire respecter mes droits. On a effectivement ouvert un dossier portant sur l'intimidation que je vivais. Celui qui a ouvert le dossier était un haut gradé du Service de police de Montréal.

Je commençais à peine à me battre que l'enquêteur chargé de mon dossier m'a téléphoné à la maison pour m'apprendre qu'il ne pouvait rien faire, qu'il fermait mon dossier. Il m'a expliqué qu'il y avait des gens qui n'étaient pas d'accord avec les gestes que j'avais posés le soir du 20 mai.

Pas besoin de lire entre les lignes pour constater que mon service m'abandonnait. J'ai demandé à cet enquêteur :

— Est-ce que ces gens-là étaient dans la rue avec moi ce soir-là ?

— Euh, non…, a-t-il balbutié.

— Ils n'étaient pas là, ils ne peuvent donc pas savoir ce qui s'est vraiment passé.

Et, vlan ! J'ai raccroché le téléphone.

À partir de ce moment précis, j'ai compris que non seulement je n'aurais pas d'aide de mon employeur, mais qu'on tenterait en plus de me nuire le plus possible avec différentes tactiques de la Division des affaires internes, chapeautée par le grand chef lui-même.

C'est difficile d'expliquer comment on se sent lorsqu'on se fait trahir de la sorte par une organisation pour laquelle on travaille et qu'on respecte. Surtout une organisation qui prône des valeurs comme l'intégrité, le courage, le sens des responsabilités, la valorisation du personnel, l'imputabilité et le professionnalisme.

Ça fait mal. On a l'impression de perdre la maîtrise de sa vie. On s'aperçoit rapidement que le mal est fait. Je savais maintenant que dans l'imaginaire collectif, je serais celle qui avait commis une bavure monumentale ce soir du 20 mai. Je ne pouvais que constater que ma carrière était à jamais ternie. En me laissant seule pour me défendre, on m'enlevait toute crédibilité. Verdict de mon employeur : on m'avait « échappée » et on devait me retirer mes fonctions.

Ce qui était révoltant, c'est qu'à titre de policière, je ne pouvais donner ma version des faits. Je ne pouvais m'exprimer dans les jours suivants mon intervention. Je n'avais tout simplement pas le droit de le faire ; c'est une directive qui se trouve dans le mode de fonctionnement de la police. La gestion de l'information relève directement des membres de l'état-major. Ce sont eux qui décident de la tangente que doit prendre un événement.

UN ÉTÉ D'ENFER

Ma famille et moi avons passé un très mauvais été à entendre constamment mon nom et mon numéro de matricule prononcés à toutes les sauces. Le harcèlement médiatique, car c'en était un, était impitoyable et sans relâche. Pendant que j'étais obligée de rester chez moi pour éviter le plus possible le monde extérieur, j'ai multiplié les appels à mon syndicat, la Fraternité des policiers et des policières de Montréal.

Ma conjointe et moi avons rencontré les dirigeants du syndicat à deux reprises dans les deux semaines qui ont suivi mon arrêt de travail. On voulait savoir ce qu'ils pouvaient faire pour me venir en aide et j'ai conclu assez vite qu'ils n'étaient pas chauds à l'idée d'essayer de me porter secours.

Je voulais au moins réussir à m'entretenir avec un membre de l'état-major du service pour qu'il puisse m'expliquer les raisons pour lesquelles ils m'avaient manifestement trahie et abandonnée à mon sort. Nous avons convenu de nous rencontrer le 28 juin 2012 pour éclaircir cette situation nébuleuse.

La rencontre s'est déroulée au Centre opérationnel Nord, auquel était attaché mon poste de quartier. Plusieurs personnes y participaient, entre autres le vice-président du syndicat, le directeur adjoint de la région Nord, la commandante des enquêtes de la région Nord, mon inspecteur-chef, ainsi qu'une déléguée syndicale.

J'étais bien préparée pour cette rencontre. Je voulais savoir ce qu'on ferait pour me soutenir. Je voulais savoir pourquoi on m'avait blâmée sévèrement pour n'avoir fait que mon travail conformément à la loi et aux ordres que j'avais reçus. Bref, je voulais savoir ce qu'on me reprochait exactement et pourquoi on tentait de m'intimider par des commentaires inappropriés et des propos inacceptables tenus par le sergent-détective chargé de l'enquête sur l'intimidation dont je faisais l'objet.

Au bout d'un mois seulement, ce sergent-détective m'avait téléphoné pour me dire qu'il fermait le dossier, point à la ligne.

La réunion a duré plus d'une heure. J'ai exposé ma situation et répété à plusieurs reprises aux officiers supérieurs et à la déléguée syndicale mes demandes d'aide.

Lorsque j'ai quitté la salle, le directeur adjoint de la région Nord m'a promis devant tous ceux qui étaient présents qu'il ferait tout pour aller au fond de cette histoire. Il m'a aussi avoué avoir été déçu de constater la manière avec laquelle mon dossier avait été traité. Même s'il m'avait donné sa parole, j'étais sceptique. Je ne me faisais plus d'illusions. Ils n'avaient rien fait jusque-là pour me venir en aide. Ils n'avaient jamais rectifié les faits et jamais expliqué toutes les circonstances entourant mon intervention du 20 mai 2012. Pourquoi le feraient-ils un mois plus tard ?

Ça crevait les yeux que tous les niveaux hiérarchiques du SPVM avaient approuvé mon intervention, sauf le niveau qui détient l'ultime pouvoir de décision et qui est celui qui a des comptes à rendre au monde politique.

Ce niveau ultime avait décidé que mon intervention n'était pas conforme en raison du climat politique qui régnait dans la ville, alors la loi ne s'appliquait pas. Nous, policiers de terrain, n'étions pas protégés comme le prévoit la loi. On venait de changer les règles du jeu. Ce pour quoi on est entraînés, assermentés et ce qu'on est obligés de faire ne tenait plus. Vu le climat politique, les infractions perpétrées lors de ce printemps et ses manifestations violentes étaient impunies et l'ont été jusqu'à la fin de la crise.

Nous, policiers, ne pouvons décider d'appliquer la loi aléatoirement quand la violence éclate et que nous devenons des cibles de prédilection ; on doit se protéger, se défendre, porter secours, protéger des endroits stratégiques, répondre aux ordres, les exécuter et mettre en œuvre les bonnes actions pour mener à bien notre mission.

Après cette rencontre, il ne s'est pas passé grand-chose, comme je l'avais pressenti. J'ai rencontré la sergente-détective qui avait été affectée à mon dossier. Elle m'a longuement interrogée puis, plus rien.

C'était maintenant la période des vacances estivales et, par le fait même, le ralentissement opérationnel qui s'installe dans les bureaux des enquêtes comme partout ailleurs.

Mon nom, mon matricule et mon intervention ont néanmoins continué d'alimenter les médias. Ça n'arrêtait pas. Ça faisait encore couler beaucoup d'encre et ça alimentait les tribunes libres et les animateurs de ces tribunes.

C'était carrément fou. C'était servi à toutes les sauces. Tous avaient leur opinion sur mon prétendu dérapage. Les experts de tout acabit, les animateurs les plus écoutés du Québec, tous me condamnaient. On voulait que je sois congédiée sur-le-champ. On voulait savoir pourquoi je recevais encore mon salaire. D'aucuns affirmaient sans gêne que j'étais en vacances chez moi, payée comme si de rien n'était.

Pourtant, j'aurais préféré continuer à travailler et poursuivre ma carrière plutôt que de faire vivre ce calvaire à ma famille. Malheureusement, malgré le fait que je sache que j'avais fait ce que j'avais à faire, ma famille a quand même payé le prix fort, et ce calvaire s'est installé dans notre maison privée.

Ce défoulement collectif ne s'est pas essoufflé, au contraire, il a pris de l'ampleur. Jusque-là, j'avais été accusée, jugée, trouvée coupable et crucifiée sur la place publique, sans que personne ne connaisse les faits complexes et multiples reliés à la soirée du 20 mai.

On vendait maintenant toutes sortes d'objets associés à mon nom et à mon matricule. Les réseaux sociaux, où l'on ne retrouve pas que la crème de la crème des gens de bon goût et d'ouverture [sic], ne dérougissaient pas. Et, comme c'est le *Far West* sur la Toile, les coups bas étaient de plus en plus vicieux. Ce fut un été que ma conjointe et moi n'oublierons pas de sitôt. Ce tourbillon autour de moi semblait vouloir tout emporter sur son passage.

Les événements me dépassaient. Un jour, j'ai reçu une lettre de mon employeur datée du 18 juin 2012. Je l'ai ouverte. Elle venait du directeur. Elle était signée de sa main. En gros, elle disait qu'il nous remerciait, ses policiers, d'avoir travaillé ardemment, qu'il était fier de nos prestations et de notre professionnalisme. Il en profitait aussi pour remercier nos familles pour les sacrifices qu'elles avaient dû faire pendant les cinq mois du Printemps érable (*voir Annexe VI, p. 271*).

Eh oui, vous avez bien lu. La lettre était adressée à mon nom, à mon adresse personnelle. Elle nous remerciait d'avoir fait notre devoir. Alors pourquoi ne pas avoir reconnu publiquement que les policiers montréalais, et moi en particulier, n'avaient fait que leur devoir ? Mais non, on a continué de nier qu'il s'agissait d'une nuit d'émeute extrêmement violente et ingérable à partir de 20 h, et ce, jusqu'au petit matin. On a refusé d'admettre qu'on se trouvait effectivement en danger durant tout ce temps et qu'on a dû recourir à différentes tactiques et techniques pour s'en tirer indemnes et minimiser les dégâts.

On a préféré mentir à la population pour soi-disant ne pas créer de panique dans la ville. Pourtant, ce n'est pas parce qu'on refuse d'appeler les choses par leur nom qu'elles n'ont pas lieu. Eh oui, mesdames et messieurs, il y a bel et bien eu des émeutes dans les rues du centre-ville. Elles ne se sont pas déroulées tous les soirs, mais, chose certaine, durant la fin de semaine de la fête des Patriotes, il y en a eu trois en trois soirs.

Le soir du 20 mai était le dernier soir de ce week-end noir et le troisième soir d'émeute consécutif. Cela est indiscutable et on ne peut plus réel. Ces faits sont compilés et ont été rapportés par différents policiers, autant les agents que leurs supérieurs et officiers commandants.

Pourquoi alors avoir choisi de me sacrifier? À cause de la pression des médias ou des politiciens? En raison de la pression de l'opinion publique? Il faut croire que ça prenait un coupable, et j'étais la personne toute désignée pour remplir ce rôle. Ils ont géré mon cas à leur avantage et m'ont classée comme un dommage collatéral de ce méga fiasco. Pour ne pas être obligés de rendre des comptes, ils m'ont considérée comme du bétail.

La femme qui portait le matricule 728 avait toujours donné son cent pour cent en 18 ans de service. Cette femme fougueuse dans l'âme que j'étais, intense, passionnée, loyale, dévouée, intègre, était la candidate parfaite pour porter l'odieux de cette crise.

Une vraie guerrière, battante par excellence, elle n'avait pas froid aux yeux. Tous ceux ayant travaillé avec elle peuvent vous le confirmer. Quand c'était le temps d'aller à la guerre, car oui, dans la police, il faut parfois aller à la guerre, elle était toujours prête et un atout fiable et efficace. Et elle peut vous affirmer que le soir du 20 mai, le centre-ville de Montréal était une zone de guerre. On devait garder la tête haute et la plus froide possible, malgré la crainte, la peur et l'inconnu qui habitaient tous les policiers en service, sans exception.

Quand les symptômes physiques que la peur provoque se font sentir, on sait parfaitement qu'on ne maîtrise plus rien, que l'on peut juste s'assurer de rester sain et sauf et de faire du mieux que l'on peut pour affronter des conditions aussi dangereuses.

Cette femme aux allures androgynes et toujours en excellente forme physique était devenue pour la population la représentante idéale pour illustrer la brutalité policière. C'est incroyable comme la perception, la désinformation et le fait de tromper la population en la tenant dans l'ignorance de la réalité ont pu détruire à jamais la carrière d'une policière et changer la vie de toute une famille de façon brutale et cruelle.

Ce bouc émissaire c'était moi, Stéfanie Trudeau.

Insultée, révoltée, enragée par la lettre du directeur, je l'ai instinctivement déchirée et jetée à la poubelle. Ma conjointe m'a vue faire. Elle m'a demandé :

— Ce ne sont pas de bonnes nouvelles ?

— Non !

Sans me le dire, elle a récupéré la lettre et l'enveloppe déchirées. Elle en a recollé tous les morceaux et les a cachés dans un endroit qu'elle seule connaît.

Toujours au mois de juillet, j'ai eu quelques rencontres avec mon syndicat. J'avais beaucoup de questions sur ma situation et rarement de réponses satisfaisantes. Mais, lors d'une de ces rencontres, ce fut pire que pire. Je me suis fait dire par un représentant du syndicat :

— Pour eux, il n'y avait pas d'émeutes dans les rues de la ville !

Je n'en revenais pas. J'étais en possession d'un Code criminel et je lui ai dit :

— Lisez donc les articles concernant la répression des émeutes.

Bien sûr, il ne l'a pas fait. Il m'a plutôt assuré qu'il demanderait un avis juridique du contentieux, le même contentieux de la ville qui avait refusé d'appliquer la loi. Je lui ai répondu que je devais me trouver dans un mauvais rêve. Ça n'avait aucun sens ce qu'il me disait. Il a même rajouté :

— Tu sais, on vit dans une société de droit !

Et moi de répliquer :

— Justement, faudrait peut-être l'appliquer le droit, si on est dans une société de droit.

Ces rencontres ne donnaient rien. Ça ne menait nulle part. Elles se sont donc espacées au courant de l'été. J'ai reçu quelques appels téléphoniques de mon inspecteur-chef qui s'informait de mon état, mais ma situation ne changeait pas. Rien n'a évolué et rien n'a changé, bien au contraire. C'était le *statu quo*, et malgré le fait que c'était confirmé, officiel, que je n'avais fait que mon devoir, ce fait n'a jamais été porté à l'attention du public. Aucun fait n'a été expliqué aux Québécois.

En procédant ainsi, mon service de police refusait de rétablir ma crédibilité et ouvrait toute grande la porte aux citoyens récalcitrants pour qu'ils refusent d'obtempérer à mes ordres, seulement parce que c'était moi.

Pendant cette période, je me suis posé beaucoup de questions, mais n'ai reçu que peu de réponses.

Je n'avais aucune aide, aucun soutien, que du négatif, juste du négatif de tous les côtés; je commençais à trouver ça lourd.

Pour éviter les conséquences possibles de ce raz-de-marée nauséabond, j'ai tenté de garder mon calme et de me protéger en ne me tenant pas trop au courant de ce qui se disait sur moi. Mais ce n'était pas évident de passer totalement à côté d'une médiatisation d'une telle ampleur et du gouffre dans lequel j'étais plongée. La situation était invivable pour ma famille, assurément plus secouée que moi.

Tout l'été 2012 a été vécu sur le qui-vive à la maison. La tension nous était imposée au quotidien. Nous n'avons pas beaucoup dormi, ma conjointe et moi. Nous étions inquiètes, stressées, tendues. Nous étions en train de perdre le sentiment de sécurité totale que notre demeure de la Rive-Sud de Montréal nous avait offert jusque-là.

Nous avons vécu de longues nuits blanches à faire les cent pas à l'extérieur de notre domicile, craignant une attaque sournoise de la part des individus qui vomissaient leur haine à mon endroit sur les réseaux sociaux. L'hypervigilance était devenue notre mode de vie quotidien et presque constant. Notre sentiment de sécurité, essentiel pour la santé de notre vie familiale, se diluait petit à petit à cause des messages de haine et de menaces qui étaient publiés.

Normalement, on parvenait toujours à résoudre les problèmes auxquels on faisait face. Étant toutes deux policières, c'était notre pain quotidien de résoudre les problèmes de toutes sortes, mais, là, c'était tout autre chose. C'était difficile d'évaluer l'ampleur de la situation alors qu'on avait les deux pieds dedans.

Habituellement, pour réussir à s'en sortir, l'avis de personnes non impliquées est primordial, car elles voient les problèmes avec une tout autre perspective. C'est pourquoi aujourd'hui, on remercie plusieurs de nos proches qui nous ont fourni de bons conseils, alors que nous étions emprisonnées par nos émotions négatives. On ne voyait plus rien, mais on ne craignait pas pour rien.

On avait toutes deux le pressentiment que ce qu'on voulait protéger le plus au monde, notre famille, allait être l'objet de menaces. On craignait qu'un jour notre adresse personnelle finisse par devenir publique. On a toujours vu à ce que notre numéro de téléphone ne soit publié nulle part. Je ne m'étais jamais affichée sur les réseaux sociaux. Jusque-là, ma conjointe et moi avions réussi à garder le tumulte et le danger à l'écart de notre demeure. Mais ce que l'on craignait est arrivé. Un jour, notre adresse personnelle, l'adresse de notre domicile familial, a été publiée !

Nous avons aussitôt fait des démarches auprès du service pour que l'on efface notre adresse des bases de données accessibles à de nombreux membres du personnel du SPVM. Normalement, vu la cyberintimidation et les menaces dont j'étais l'objet, on aurait dû y voir dès le début de cette affaire. Puisque j'étais devenue l'ennemie publique numéro un, ce n'était qu'une question de temps avant que quelqu'un parvienne à trouver mon lieu de résidence. Mais ça n'avait pas été fait.

ENCORE DE RETOUR SUR LE PLATEAU

On n'a rien fait pour soutenir ma famille, elle aussi victime de toutes les conséquences néfastes de ce fiasco. Ma femme et mes deux enfants sont d'innocentes victimes d'une situation mal gérée, de façon délibérée et volontaire. Ça me laisse un très mauvais goût dans la bouche. Je suis outrée et scandalisée de voir comment des gens en position d'autorité peuvent se comporter auprès d'une famille qui n'a pas demandé à être plongée au cœur d'un enfer qui perdurera plusieurs années.

On n'a rien fait, non plus, pour me réintégrer de manière sécuritaire lors de mon retour au travail trois mois après le désastreux printemps. Personne ne m'a offert de solutions ou d'options pour s'assurer que tout se déroule le plus normalement possible. Je suis donc retournée au même poste de quartier sur le Plateau.

Pourtant, tous savaient que ma tête était mise à prix dans ce quartier, puisque c'est l'endroit où la crise sociale s'était développée et où on retrouvait le plus de carrés rouges en ville. Mes confrères de travail m'avaient mise en garde concernant cet état de choses non négligeable qui allait affecter mon retour au travail.

Je ne comprendrai jamais pourquoi on a permis à une policière aussi fortement médiatisée et critiquée que moi de retourner sur le terrain au même poste de quartier, alors qu'on avait refusé de rétablir mon autorité et ma crédibilité à la suite de l'incident au poivre de Cayenne.

Mis à part la lettre de remerciements du directeur, aucune autre démarche n'a été entreprise pour me rassurer concernant mon retour au travail. Je les avais pourtant prévenus que je craignais sérieusement pour ma sécurité en retournant dans le même secteur où tout avait commencé.

Mon syndicat, qui depuis le début de mes problèmes trouvait que je m'inquiétais pour rien, tentait de me rassurer en me disant que je voyais cette histoire plus grosse qu'elle ne l'était réellement. Du même souffle, on me disait que ma situation était très politique, qu'on ne pouvait pas faire grand-chose tant les personnes d'influence, aussi bien au niveau municipal que provincial, m'avaient déjà désignée comme étant coupable d'une énorme bavure policière et que cette conclusion était coulée dans le ciment.

On ne pouvait rien y faire, disait-on. On se déclarait incapable de faire valoir mes droits en tant que policière et travailleuse syndiquée, alors qu'on savait de par les policiers présents avec moi le soir du 20 mai que je n'avais fait que mon devoir.

Je me battais depuis trois mois pour faire reconnaître mes droits, mais personne ne me venait en aide, comme si j'avais subitement contracté une maladie contagieuse. J'étais isolée, abandonnée, laissée pour compte par toutes les instances. Je portais dorénavant les stigmates créés par la prétendue bavure que j'avais commise.

C'était la fin du mois d'août. Malgré la fatigue qui s'était accumulée à cause de l'insomnie vécue depuis mai, j'avais réussi à passer à travers, et ce, en dépit de la trahison cruelle de mon employeur.

Je n'avais pas les idées les plus claires, mais j'étais très fébrile à l'idée de retourner au travail au même endroit. J'en ai discuté avec ma conjointe et mon médecin. Ceux-ci, inquiets pour ma sécurité, trouvaient mon retour un peu précoce, mais je n'avais plus le choix. En congé de maladie depuis la fin mai, le bureau médical de la ville de Montréal exigeait que je retourne au boulot.

La date convenue pour mon retour était le 3 septembre. Plutôt anxieuse, j'étais très craintive et sur mes gardes en retournant à mes tâches quotidiennes. Je dois admettre que la situation dans laquelle je me trouvais me rendait nerveuse et me dépassait totalement.

On aurait dû me permettre d'occuper une fonction temporaire, qui aurait fait en sorte que je ne me serais pas retrouvée sur le terrain, vulnérable, vu l'ample couverture médiatique dont j'avais fait l'objet.

Je savais que, dans le passé, les policiers qui avaient été l'objet de couverture médiatique n'avaient pas été retournés sur le même terrain. Ils avaient tous été réaffectés à d'autres tâches qui les mettaient à l'abri de devenir des cibles et d'être de nouveau impliqués dans un événement majeur.

Est-ce qu'ils avaient remis le policier impliqué dans l'affaire Villanueva à Montréal-Nord sur le terrain ? Non. La seule qu'ils ont lancée dans la gueule du loup, sans rétablir son autorité en tant qu'agente de la paix, c'est moi. Ils m'ont remise dans la rue, en plein milieu du repaire des carrés rouges qu'était le Plateau-Mont-Royal. Pas besoin d'être un devin. Avec le recul, on voit bien que c'était du vrai délire, que rien de bon n'allait ressortir de cette situation.

Si j'avais été indépendante de fortune, c'est sûr que je ne serais pas retournée au travail, du moins pas aussi rapidement et sans condition. Comme j'étais dépendante de mon employeur pour nourrir ma famille et que, comme tout le monde, j'avais besoin de mon chèque de paie, j'ai dû me faire à l'idée, puisque personne ne venait à mon secours. Je suis donc retournée au travail dans ce climat, qui n'avait rien de rassurant.

Ma conjointe, Marie-Claude, qui possédait passablement d'expérience dans la police, était, pour sa part, très inquiète. Je tentais de la rassurer en lui disant que tout irait bien. Mais elle n'en était pas convaincue, bien qu'elle ait tenté de ne pas trop me le faire sentir. Je savais qu'elle n'anticipait pas mon retour de façon positive et, dans ce métier, le positivisme est primordial à la survie. Si, au départ, vous pensez qu'il va vous arriver quelque chose de grave, il y a beaucoup plus de chance que ça vous arrive. Dans notre métier, la pensée positive a toujours été la façon d'aborder le danger, mais là, elle avait disparu et ce n'était pas de bon augure.

À l'approche de la date de mon retour au poste, l'anxiété a monté d'un cran. Je me souviens d'avoir dit à Marie-Claude :

— Je vais essayer. Je verrai comment ça se passe. Si on doit faire des ajustements, on les fera.

Elle n'a pas été rassurée pour autant. J'ai trouvé la force mentale et le courage d'y retourner parce que j'adorais mon travail. Ce métier, je l'ai toujours eu dans le sang et je me trouvais chanceuse de pouvoir occuper un emploi qui me passionnait toujours autant qu'à mes débuts. Mais tout allait se terminer de façon brutale.

Ce tumulte au cœur duquel je me trouvais ne me permettait pas de comprendre à quel point ce n'était qu'une question de temps avant que je me retrouve encore à la une des journaux du Québec.

DEUXIÈME PARTIE

JETÉE DANS LA GUEULE DU LOUP

LE RETOUR À LA RÉALITÉ

Quand je me suis présentée au travail, mes supérieurs avaient prévu une rencontre avec moi avant que je commence mon quart de travail. Ils voulaient s'informer de mon état et voulaient savoir comment j'envisageais mon retour. Je leur ai dit que je me sentais bien, mais leur ai avoué que j'aimerais qu'on m'accorde la possibilité de recommencer à travailler en compagnie d'un partenaire qui comptait un peu d'expérience.

Je trouvais qu'il n'était pas sage de me jumeler avec un jeune policier. Mon sixième sens me disait que je devais me méfier. J'avais besoin de me faire épauler par quelqu'un que je n'avais pas besoin de coacher et qui réagirait au moindre signe de danger.

La seule chose que mon inspecteur m'a demandé, c'est de l'aviser immédiatement si j'étais victime de la moindre intimidation. Je lui ai promis qu'il serait le premier averti. J'ai senti qu'il m'appuyait, mais j'ai ressenti qu'il y avait quelqu'un de plus puissant que lui dans la hiérarchie qui, lui, ne m'appuyait pas. Je l'ai senti inquiet, impuissant et résigné à me voir reprendre le travail si rapidement dans le contexte. Il y avait manifestement quelqu'un d'autre qui tirait les ficelles en ce qui me concernait.

Mes premiers quarts de patrouille se sont déroulés sans trop de problèmes. Certains citoyens me reconnaissaient en

me pointant du doigt, en me prenant en photo. Quelques-
uns m'insultaient personnellement et criaient des injures en
citant mon matricule et mon nom.

Je n'avais jamais ressenti une telle haine à mon endroit
dans le passé. Quand les gens m'insultaient pour différents
motifs, je ne prenais jamais cela personnellement, à moins qu'ils
attaquent mon orientation sexuelle avec des propos homophobes ou mon statut de femme avec des propos misogynes.
Maintenant, tout été dirigé vers moi de façon directe et
personnelle. Ce métier devient quasi impraticable lorsque
tout devient personnel, et j'ai dû constater que mon anonymat
avait bel et bien disparu pour toujours.

Après un mois d'analyse et d'observations, j'en ai quand
même conclu que malgré le fait qu'on me reconnaissait et
qu'on me rendait la vie un peu plus difficile, rien ne pouvait
me laisser croire qu'on pouvait tenter de m'encercler, de me
piéger ou de me blesser. Je restais tout de même très vigilante
et sur mes gardes en tout temps.

J'ai toujours été une policière plutôt allumée et sécuritaire.
J'ai toujours été confiante en mes capacités physiques,
mes compétences et les moyens dont je disposais. Avant le
Printemps érable, je n'ai jamais craint pour ma personne
alors que j'étais en fonction.

Les temps avaient changé. Le climat social était encore
électrique et j'étais devenue une cible de choix pour les
activistes de ce mouvement social qui avait vu le jour au
début de 2012.

L'ARRESTATION
« EXCESSIVEMENT MUSCLÉE »

Ma fonction officielle au service de police était celle d'agent senior et, comme je vous l'ai déjà expliqué, mon rôle principal était de former les policiers temporaires, les recrues. Un mois après mon retour, deux nouveaux policiers temporaires sont entrés au poste et l'un d'eux m'a été affecté comme partenaire. J'étais heureuse de me trouver à nouveau dans un rôle que j'appréciais au plus haut point.

Mon partenaire était jeune, confiant, enthousiaste, motivé, impatient de tout connaître et de tout savoir, comme je l'avais été à l'époque, et je l'ai tout de suite mis à l'aise, comme je le faisais avec toutes les recrues qui m'étaient confiées. Je n'avais pas oublié comment j'avais été durement traitée à mes débuts.

Le milieu policier n'est pas un endroit de tout repos. Faire sa place demeure un enjeu de taille et, en général, celui qui y entre a besoin d'un bon soutien et de bons conseils. Mon instinct de leader au sein d'un groupe, et cela depuis un très jeune âge, m'amenait automatiquement à me soucier des jeunes qui se trouvaient sur mon groupe de travail.

J'ai entraîné plus d'une quinzaine de jeunes policiers et policières et je n'ai que de belles expériences à raconter. Tous sont opérationnels et contribuent à faire rayonner le Service de police de Montréal. Je suis fière d'avoir contribué à leur formation et à leur intégration dans un climat joyeux, amical et propice à un apprentissage réussi.

Au début d'un partenariat, il y a un climat de gêne, surtout du côté du nouvel arrivé. Ce ne fut pas différent pour mon nouveau partenaire. Mais la gêne n'a pas duré longtemps. On prend le temps de casser la glace en discutant de choses et d'autres tout en patrouillant, puis on devient plus détendu après quelques heures et on apprend à mieux se connaître.

Je le trouvais mature pour son âge. Nous pouvions échanger sur plusieurs sujets et ses points de vue étaient fort intéressants. Une chimie naturelle s'est rapidement installée entre nous, et c'était bon signe. Une complicité entre partenaires est essentielle dans l'accomplissement de nos tâches. On met nos vies entre les mains de l'autre. On dépend de l'autre. Si on n'a pas confiance l'un envers l'autre, ce partenariat n'a aucune chance de survie. Autrement dit, on sait rapidement si le partenaire avec qui on campe sera un bon compagnon pour nous.

Sur un groupe de travail de 12 individus, il est possible de ne pas être compatible avec tous. Tous peuvent travailler ensemble à court terme, mais en ce qui concerne un duo permanent, à long terme, il faut que les deux équipiers se complètent et ne forment qu'une entité. Ça prend une bonne chimie, une compatibilité et une pleine confiance.

C'est toujours agréable de constater que son quart de travail est terminé et qu'on ne s'en est même pas rendu compte. C'est ce que j'aimais de ce travail multifacette. Ne pas voir le temps passer, entre autres choses.

En bonne compagnie à bord d'une auto-patrouille, on peut passer du bon temps tout en travaillant. On joint l'utile à l'agréable et c'est ainsi qu'on bâtit une solide équipe de travail.

Le fait de faire équipe avec un jeune policier amène une autre dimension au travail. Il voit toutes les infractions qui se produisent devant lui et il veut enquêter sur tous ceux qui les commettent, et il a raison. Il n'y a pas de petites infractions. Il y en a de moins graves que d'autres, certes, mais une infraction demeure une infraction. Que ce soit une infraction en matière de réglementation municipale, au code de la sécurité routière ou en matière criminelle, nous sommes payés pour faire respecter et appliquer les lois et règlements qui les régissent.

On n'en était qu'à notre quatrième quart de travail ensemble, mon nouveau partenaire et moi, quand tout a basculé. Nous étions affectés à une auto-patrouille qu'on appelle, à l'interne, un 150. En jargon policier, cette appellation veut dire que ce véhicule est affecté à des opérations spécifiques telles qu'une opération piéton ou radar et ne répond pas aux appels à moins qu'il y ait débordement d'appels ou des appels d'urgence non couverts. Ce que j'aime du travail avec un véhicule 150, c'est qu'on a plus de liberté et de temps pour s'occuper des problématiques qui nous intéressent dans notre secteur.

Après un quart de travail fort chargé, un beau soir d'automne, le 2 octobre, mon jeune partenaire et moi étions en patrouille dans la ruelle au sud de la rue Marie-Anne. Il était 21 h 30 et on terminait notre journée dans moins d'une heure. On était détendu, on jasait de tout et de rien. On discutait, entre autres, du fait qu'on appréciait d'avoir pu obtenir notre pause de repas à la dernière heure de manière à terminer plus tôt. Ce privilège n'était pas fréquent.

Soudainement, notre attention a été attirée par un groupe d'individus qui se trouvaient sur le trottoir du côté est de l'avenue Papineau, au nord de la rue Marie-Anne. Comme notre travail est constitué en grande partie d'observation, voir plusieurs individus regroupés et statiques, alors que le reste du trottoir est désert, par un soir de semaine, a bien

156 · MATRICULE 728

évidemment attiré notre attention. Notre but n'est pas de prendre les gens en défaut, mais seulement de s'assurer que tout est en ordre et que tout va bien. Qu'on le veuille ou non, la police a un travail de surveillance et de protection à assurer.

On a donc aperçu ce groupe d'hommes qui se tenait sur le trottoir. L'un d'eux semblait transporter de la marchandise d'un véhicule stationné à la porte d'un immeuble. Un autre individu buvait une bière. Ce dernier semblait chanceler et s'est dirigé vers une vitrine pour s'y appuyer, la bouteille de bière toujours à la main. Nous avons constaté ces faits en roulant à basse vitesse devant le groupe d'individus.

Une fois qu'on eut dépassé le groupe, j'ai dit à mon partenaire d'immobiliser le véhicule, et on a débarqué pour aller à la rencontre de l'individu qui buvait une bière. Des situations comme cela, pour les policiers montréalais, font partie de la routine. Par contre, parfois, ce sont les interventions les plus banales, comme celles effectuées selon les règlements municipaux, qui virent au vinaigre.

Comme policiers, c'est nous qui initions souvent le premier contact avec les personnes interpellées, mais, par la suite, nous sommes constamment en réaction par rapport aux comportements observés. Ce sont les interpellés qui décident de la tangente que va prendre l'intervention selon leur niveau de collaboration avec nous.

Dans ce cas-ci, en voyant que nous stationnions notre auto-patrouille près de l'endroit où ils se trouvaient, les individus se sont tous rassemblés. Un des individus a suggéré à celui qui buvait de la bière d'entrer à l'intérieur de l'immeuble en le prenant par le bras pour l'y diriger. Le buveur de bière ne semblait pas comprendre ce qui se passait. Il n'avait pas compris que nous étions là.

On n'a même pas eu le temps d'inscrire notre intervention sur l'ordinateur de bord. On est sortis immédiatement de l'auto-patrouille et on s'est approchés au pas de course pour l'empêcher de fuir dans l'immeuble et de se soustraire à notre interpellation.

Tout s'est passé très vite, c'est certain. C'était un comportement anormal. Si quelqu'un essaie de s'enfuir pour qu'on ne puisse pas l'interpeller, cela augmente notre niveau de stress et nous met sur le qui-vive, car on n'a aucune idée à qui on a affaire et on ne sait pas du tout pourquoi il tente de fuir. Ce genre de comportement déclenche des signaux d'alarme en ce qui nous concerne. On devient automatiquement suspicieux des individus qui se trouvent devant nous et qui tentent de nous fuir.

J'ai réussi à agripper le bras du buveur de bière avant qu'il n'entre dans l'immeuble et j'ai ordonné à celui qui tentait de le faire fuir de lâcher prise et de nous laisser faire notre travail. Ce dernier m'a reconnue et s'est tout de suite mis à crier comme un fou :

— C'est toi la crisse de chienne de 728 !

La situation a dégénéré. Nous avons réussi à maîtriser le contrevenant à la bière avec une technique d'escorte pour l'emmener à l'écart des autres, un peu plus loin sur le trottoir, pendant que les deux autres lui criaient de ne pas obtempérer à nos ordres, qu'il n'avait pas à s'identifier, qu'il n'avait rien fait. Ils lui criaient à tue-tête :

— C'est la crisse de vache à 728 !

Malgré les nombreux avertissements de rester où ils se trouvaient, à la porte de l'immeuble, les deux se sont approchés par-derrière et ont tenté de nous faire perdre notre emprise sur leur ami en tirant sur nos vestes pare-balles. Ils se sont même retrouvés entre mon partenaire et moi alors que nous tentions de maîtriser et de menotter l'homme qui avait refusé de s'identifier alors qu'il contrevenait au règlement municipal qui interdit de consommer des boissons alcoolisées en public.

Le buveur de bière était maintenant en état d'arrestation en vertu du Code de procédure pénal qui oblige toute personne à s'identifier lorsqu'elle commet une infraction quelconque. Si elle refuse, elle est automatiquement placée en état d'arrestation pour avoir entravé le travail policier et avoir refusé de s'identifier. Le policier a alors le pouvoir de détention jusqu'à son identification positive.

Quand appelé à s'identifier, le buveur de bière nous a repoussés, s'est raidi et a tenté de résister à son arrestation, on a dû procéder à ce qu'on appelle un amené au sol pour pouvoir le menotter. Aucune force abusive n'a été utilisée lors de cet amené au sol, seules des clés de bras ont été nécessaires.

Ses deux comparses, par contre, malgré les ordres formulés de se ternir à l'écart, se trouvaient littéralement dans notre dos, en train de nous empêcher de faire notre travail tout en continuant de m'insulter, de m'encercler et de tenter de me nuire le plus possible.

Réussissant à les repousser tant bien que mal, nous avons menotté l'homme. Pendant ce temps, un des deux est revenu sur le trottoir avec une caméra pour filmer le reste de l'intervention. J'ai laissé mon partenaire avec le suspect menotté et me suis dirigée vers celui qui m'avait tirée vers l'arrière en agrippant ma veste pare-balles. Ce dernier a pris les jambes à son cou, a couru à l'intérieur de l'immeuble et a pris l'escalier menant au deuxième étage.

En poursuite active, je l'ai suivi pour procéder à son arrestation pour entrave et voies de fait sur des policiers.

Il s'est réfugié derrière ses amis qui se trouvaient là. Je lui ai ordonné de sortir dehors à deux reprises ; on l'entend très bien sur la vidéo qu'un de ses amis a filmée. Mais il a carrément refusé d'obtempérer à mes ordres.

Cette attitude n'était pas nouvelle pour moi, comme c'était le cas pour tous mes confrères policiers montréalais. Depuis le début de l'année 2012, tous ceux qu'on interpellait agissaient ainsi. Ils refusaient d'obtempérer à nos ordres, invités constamment à la désobéissance civile durant tout le Printemps érable. Mais lorsqu'on refuse d'obtempérer aux ordres d'un agent de la paix en fonction, on commet une infraction au Code criminel canadien.

Puisque le suspect refusait de sortir à l'extérieur, comme je le lui avais ordonné à deux reprises, je l'ai agrippé par un bras. Il a tenté de se dégager, mais j'ai réussi à le tirer vers moi. Mais j'étais maintenant encerclée par plusieurs de ses amis qui criaient plus fort les uns que les autres. La situation était devenue dangereuse pour mon intégrité physique.

Comme on se trouvait en haut d'un escalier étroit et abrupt, je devais m'assurer de pouvoir descendre de manière le plus sécuritaire possible, tout en escortant le suspect qui résistait et qui n'avait aucune intention de coopérer.

Je n'avais pas grand choix pour compléter son arrestation. Comme je ne suis pas une policière qui a recours aux frappes à main nue et que j'ai souvent effectué des prises d'encolure dans pareilles situations, j'ai eu l'instinct de me fier sur les techniques que je connaissais et que j'avais déjà mises en application sans jamais avoir causé de blessures, mêmes minimes, à qui que ce soit.

Le suspect ne coopérait pas, il avait déjà commis des voies de fait sur moi et il présentait des signes d'intoxication. Je ne voulais surtout pas me retrouver en bas de l'escalier avec des membres cassés ou pire encore. Je devais m'assurer de descendre plusieurs marches de façon le plus sécuritaire possible, autant pour le suspect que pour moi.

À crier comme les trois individus impliqués criaient, ils avaient attiré des badauds qui n'avaient rien à voir avec la situation initiale et qui n'étaient d'ailleurs pas présents au début de l'intervention. Ils m'avaient reconnue et la tension avait monté et avait fait dégénérer la situation. J'ai ressenti toute la haine que ces gens avaient pour moi et je vous assure que cela n'avait rien de réconfortant.

Pour nous protéger tous deux, j'ai agrippé le suspect par le menton, mais il s'est débattu farouchement, m'empêchant d'appliquer la technique convenablement. Normalement, on effectue une diversion pour pouvoir appliquer l'encolure de façon appropriée. Mais là, comme le suspect était passablement plus grand que moi, je n'ai pas réussi à lui faire plier les genoux pour qu'il soit plus petit que moi et que ma prise d'encolure réussisse.

Le temps pressait. Le suspect résistait. L'environnement était explosif. Plusieurs individus menaçants nous entouraient. Je devais faire vite et du mieux que je le pouvais. Une fois au bas de l'escalier, le suspect tentait toujours de se défaire de mon emprise, mais il en était incapable.

En le tenant par le menton à deux mains au lieu d'entourer son cou, j'exerçais une pression pour garder sa tête bien appuyée sur le haut de mon corps tout le long de la descente d'escalier.

Durant cette intervention, il n'a jamais manqué d'air puisque mes mains étaient apposées sur son menton en tout temps, au risque de me faire mordre.

Dès que nous nous sommes retrouvés en bas, j'ai été en mesure de me repositionner correctement pour exécuter mon encolure de façon efficace et telle qu'on l'enseigne à l'École nationale de police de Nicolet et au Service de police de Montréal. En reprenant ma prise comme il se doit, j'ai exercé une encolure de niveau I. Je lui ai ordonné de mettre ses mains dans son dos, tout en l'avisant qu'il se trouvait en état d'arrestation pour entrave. Je lui ai alors donné les consignes usuelles en lui expliquant que tant qu'il ne mettrait pas ses mains dans son dos, je ne lâcherais pas ma prise. Après ces explications, il a mis ses mains dans son dos et mon partenaire l'a menotté. J'ai immédiatement lâché prise. Il ne présentait aucune blessure et ne se plaignait d'aucune douleur.

Le suspect dégageait une forte odeur d'alcool et il avait les yeux injectés de sang. Il s'est endormi aussitôt assis à l'arrière d'une auto-patrouille et a dormi profondément jusqu'au Centre opérationnel Nord. Lors de la fouille, on a trouvé une petite quantité de marijuana sur lui. C'était cela l'intervention que les médias ont, par après, qualifiée « d'excessivement musclée », une intervention au cours de laquelle, malgré tous les cris que lançaient les témoins de la scène, je n'ai pourtant eu qu'à appliquer une pression de niveau I pour maîtriser le suspect.

Par la suite, les enquêteurs du Centre opérationnel Nord, supervisés par un lieutenant-détective, ont établi que celui-ci devait être accusé d'entrave à un agent de la paix, de voies de fait et d'intimidation. Pour ce qui est du buveur de bière, il a reçu un constat d'infraction pour avoir consommé en public et a été accusé d'entrave au travail policier pour avoir refusé de s'identifier. Le troisième individu, qui avait tenté de nous empêcher de faire notre travail, devait être, selon les enquêteurs, accusé d'intimidation, d'entrave et de voies de fait sur des agents en fonction. Une quatrième personne, une femme, avait aussi été arrêtée ce soir-là. Elle s'était présentée sur la scène alors que l'intervention était entamée depuis un certain temps. Elle avait traversé la rue Papineau, en provenance côté ouest, et était venue s'en mêler sans être concernée. Avertie à plusieurs reprises de quitter les lieux et de cesser de crier contre nous, tout en nous filmant de très près, elle avait été arrêtée et on suggérait qu'elle soit accusée d'entrave au travail policier.

Somme toute, cette intervention auprès de l'homme à la bière en était une banale pour moi. Une intervention comme j'en avais fait des centaines au cours de ma carrière. Habituellement, dans 95% des cas, ce genre d'intervention se termine avec un simple avertissement. Dans de très rares cas, je rédigeais un constat d'infraction, car la personne interpellée ne voulait rien savoir ou était tout simplement impolie, agressive ou encore arrogante, pour ne pas dire « baveuse ».

J'ai toujours été reconnue comme une policière qui utilisait son pouvoir discrétionnaire pour ce genre d'infraction sans grande gravité. C'était très fréquent de voir les gens que j'interpellais repartir avec un sourire aux lèvres, puisqu'ils avaient bénéficié d'un avertissement amical plutôt que de prendre le chemin des cellules pour ne pas avoir voulu collaborer.

J'ai patrouillé dans les rues de Montréal durant toute ma carrière et mes interventions pour ce genre d'infraction étaient quotidiennes. Elles se déroulaient normalement dans le calme et la coopération. Mais cette soirée du mois d'octobre 2012 n'était pas comme les autres. La donne avait changé. Durant cette intervention routinière, on m'a ciblée personnellement. Et à cause du climat de désobéissance civile qui régnait dans la ville, et encore plus dans ce quartier en particulier, les jeux étaient faits.

UNE CONVERSATION
POURTANT PERSONNELLE

Tout juste avant de débarquer en vitesse de l'auto-patrouille pour intervenir dans cette affaire, j'étais au téléphone avec ma conjointe Marie-Claude. On avait l'habitude de se téléphoner lorsque je travaillais sur le quart de soir. Avant d'aller se coucher, elle me téléphonait toujours pour prendre de mes nouvelles et pour me résumer sa soirée. On en profitait pour faire un survol de l'horaire du lendemain, car elle ne travaillait que de jour. Souvent, le matin, on ne faisait donc que se croiser, moi allant dormir et elle sur le point de quitter pour son quart de travail. J'ai donc dû écourter notre conversation :

— Je vais te rappeler dans pas long, je débarque !

Comme je ne l'avais pas encore rappelée après une quinzaine de minutes, elle était inquiète et elle voulait aller se coucher. C'est elle qui m'a rappelée. Notre intervention venait de se terminer, et je venais de m'asseoir dans mon auto-patrouille lorsque mon téléphone cellulaire a sonné. Je savais qui m'appelait.

La première question qu'elle m'a posée :

— Ça va ?

— Oui, à part que j'ai été obligée de faire venir du renfort, ai-je répondu.

Et là, je lui ai expliqué l'événement que je venais de vivre et que je redoutais depuis le 20 mai : me faire encercler par des agresseurs qui présentent des signes d'intoxication, qui me reconnaissent et qui décident de contester mon autorité d'agente de la paix. Je lui ai raconté que non seulement cela venait de se produire, mais, pire, que deux d'entre eux avaient décidé de poser leurs mains sur mon partenaire et moi dans le but de nous faire perdre l'emprise que l'on détenait sur le suspect qu'on tentait d'appréhender. Autrement dit, ils s'étaient donné le droit de nous agresser seulement parce que j'étais « la crisse de chienne de 728 ».

Cette longue tirade en langue de rue et truffée de sacres est l'une des pires sorties que j'ai faites de toute ma vie. J'étais très en colère. J'avais les émotions à fleur de peau. La pression subie durant tout l'été 2012 à force de voir mon nom et mon matricule constamment associés à une bavure policière, l'intimidation vécue à l'intérieur comme à l'extérieur de mon service, les menaces, les frustrations et les humiliations de tous genres sont sorties d'un seul coup, et je sais que ce n'était pas beau à entendre.

Ce défoulement colérique s'est produit lors d'une conversation téléphonique privée entre ma conjointe et moi. Il s'est déroulé alors que je parlais au téléphone avec ma conjointe Marie-Claude, celle qui a le plus souffert de cette situation merdique dans laquelle je me trouvais. Il s'est produit dans mon auto-patrouille, dont toutes les vitres étaient fermées. Pourtant, un journaliste de Radio-Canada en a obtenu un enregistrement. Son contenu a été rendu public. Encore aujourd'hui, je doute de la provenance de cet enregistrement.

En rendant cette conversation personnelle publique, tout ce que j'avais vécu au printemps allait être amplifié par mille. Pire encore, lorsqu'il a rendu cette conversation privée publique, ce journaliste, qui n'avait manifestement pas vérifié ses sources, a mentionné que j'avais tenu ces propos à l'endroit de mon supérieur au service de police. Le ciel m'est littéralement tombé sur la tête. D'autant plus que le journaliste, à ce que j'en sais, n'était pas présent le soir de l'incident sur la rue Papineau.

Ce journaliste a fait de ma conversation strictement privée une affaire publique alors que ce n'était pas d'intérêt public. Les policiers qui travaillent sur la route ont le droit à la protection de leur vie privée. Notre véhicule de patrouille est notre bureau et un endroit privé.

C'est déplorable qu'un journaliste venant d'une société d'État utilise des fonds publics auxquels j'ai cotisé avec mes impôts pour violer mes droits et causer des dommages incommensurables et permanents.

Je me demande encore où se trouve son impartialité face à cette situation. Pourquoi tout de suite blâmer les policiers pour une intervention dont il ne possédait qu'une version de l'histoire?

Il faut croire que c'est maintenant comme cela au Québec; on accuse, on juge et on condamne sans posséder toute l'information concernant un événement. Ça, c'est la justice de l'anarchie.

On nous a manifestement entravés dans l'exercice de nos fonctions, mon partenaire et moi, en nous agressant par-derrière pour le seul motif qu'ils avaient reconnu le matricule 728. Qu'est-ce que j'étais censée faire? Me laisser intimider et agresser? Je n'ai jamais accepté de ne rien faire devant ce genre de comportement. Étant une personne gaie qui, visiblement, ne peut le cacher, j'ai vécu de l'homophobie et le rejet causé par mon homosexualité durant toute ma vie. Le fait d'être différente et hors-norme a souvent fait ressortir la peur de la différence et l'ignorance des autres.

Depuis mon enfance, j'ai constamment combattu cette ignorance et la méchanceté qu'elle attire. J'ai réussi à me bâtir une estime de moi et une confiance en mes capacités bien que j'aie subi les conséquences néfastes de telles attitudes. J'ai toujours refusé de baisser les bras face au jugement de la société et je n'allais pas commencer là.

Quand j'ai décidé d'écrire ce récit de mes mésaventures, je voulais le commencer en m'excusant auprès de tous ceux et celles que ces propos déplacés ont offensés, même s'ils n'auraient jamais dû être rendus publics puisqu'ils ont été tenus lors d'une conversation strictement personnelle avec ma conjointe.

Je le fais ici sans restriction, mais je tiens à ce que l'on sache qu'après avoir vécu tout événement majeur, un premier répondant doit trouver une façon d'évacuer le stress qu'il vient de vivre, sinon il ne pourra survivre bien longtemps à pratiquer son métier.

Dans le cas des policiers, après chaque événement considéré comme majeur, il y a ce qu'on appelle une séance de *debriefing*, à laquelle se joint souvent un psychologue du service d'aide. Cette séance permet aux policiers qui ont vécu un événement marquant de ventiler leurs émotions et d'ainsi minimiser les effets néfastes que le stress a provoqués.

Lorsqu'on vit des incidents stressants qui nous affectent personnellement, on doit se débrouiller pour trouver le moyen d'évacuer la tension. Ce processus naturel est bénéfique et primordial pour être en mesure de passer d'un événement stressant à un autre, pour retourner à sa routine quotidienne sans trop de séquelles.

En ce qui me concerne, j'avais l'avantage de vivre avec quelqu'un qui pratiquait le même métier que moi. Et le processus d'évacuation du stress est toujours plus efficace entre conjoints policiers.

Cette sortie disgracieuse, mais strictement privée, est survenue après des mois de frustrations accumulées et elle s'adressait à la seule personne qui pouvait comprendre ce que je vivais.

Ce processus d'évacuation d'un événement stressant est personnel à chacun. Certains restent muets pendant un bon moment. D'autres vont frapper dans les murs. Certains pleurent. Chacun verbalise son état d'âme comme il le peut.

Après avoir vécu des dizaines d'événements majeurs au cours de ma carrière, je sais que, pour moi, la meilleure façon d'évacuer le stress, c'est en verbalisant ce que je viens de vivre et je sais que le langage que j'emploie est souvent coloré.

C'est ce qui s'est produit ce soir-là et le public n'aurait jamais dû en être témoin.

ON ME SUSPEND

J'étais bien naïve de croire que, même s'il m'avait trahie une première fois, mon employeur allait me soutenir dans cette nouvelle affaire. Les faits allaient me démontrer que l'état-major du service était manifestement content de pouvoir compter sur cette sortie colérique pour se dissocier de moi et me condamner publiquement une seconde fois.

Le pire dans tout cela, c'est que la journée même de la diffusion de l'enregistrement à Radio-Canada, le commandant des Affaires internes m'avait téléphoné pour m'annoncer que j'étais suspendue de mes fonctions. Je lui avais confirmé que je conversais avec ma conjointe sur mon téléphone cellulaire, que je me trouvais à l'intérieur de mon auto-patrouille. Mais on continuait d'affirmer que je parlais avec un de mes supérieurs, et non avec ma conjointe. On maintenait publiquement de fausses affirmations qu'on savait être totalement inexactes.

Je comprends qu'on ne pouvait souscrire à mes paroles, mais c'était de leur responsabilité de rectifier les faits. Ils ne l'avaient pas fait au mois de mai, ils n'allaient pas plus le faire au mois d'octobre.

Pourtant la preuve que je parlais bien avec ma conjointe se trouve à la fin de la conversation enregistrée, où je lui dis :

— Attends-moi pas ce soir, je vais rentrer tard.

Possédant maintenant une raison valide pour me suspendre, mon employeur n'a pas perdu de temps pour me tourner le dos de façon définitive. En plus du ministre de la Sécurité publique qui ordonnait maintenant d'entreprendre une enquête sur moi, les enquêteurs des Affaires internes me rôdaient autour et l'état-major faisait tout en son pouvoir pour s'assurer de ma mise à mort en tant que policière membre du SPVM, avant même d'être en mesure de procéder à une mise en accusation contre moi.

C'était maintenant clair pour moi : ma tête avait été mise à prix et on n'instituait pas des enquêtes dans le but de me blanchir, mais pour avoir ma peau une fois pour toutes.

Je comprends que mes paroles aient pu choquer et offenser certaines personnes et je m'en excuse sincèrement. Mais que tous ceux et celles qui n'ont jamais tenu des propos teintés de leurs émotions négatives lorsqu'ils sont en colère me lancent la première pierre.

Lorsqu'on est pris au piège et que personne ne veut nous aider, la frustration s'installe et éclate. C'est ce qui m'a amenée à avoir des paroles aussi dures et aussi grossières à l'endroit de gens qui s'étaient acharnés sur moi à cause de mon intervention au poivre de Cayenne. Étant donné que le matricule 728 était la pire policière de la ville, on était justifié de l'insulter, d'entraver son travail et de l'agresser physiquement.

Et comme les règlements internes de la police de Montréal interdisent à tous ses membres de s'exprimer publiquement, et que je faisais l'objet d'une enquête, je ne pouvais briser le silence pour rectifier les faits et faire connaître ma version. Je ne pouvais non plus mettre davantage en péril le bien-être de ma famille en agissant impulsivement. Détrompez-vous si vous pensez que mon silence était volontaire. Il était essentiel à notre survie.

C'était maintenant évident que mon employeur n'attendait que le moment où je commettrais l'erreur qui lui ouvrirait la porte pour me porter le coup de grâce en me coupant mon salaire. Me voilà donc suspendue, sans appel et soumise, une fois de plus, à un tsunami médiatique auquel il serait difficile d'échapper, car les vagues qui ne cessaient de venir se fracasser contre moi étaient plus grosses les unes que les autres. J'ai quand même tenté de me soustraire à cet amoncellement de mépris, de haine et de colère qui venait de tous bords. Des coups bas se sont mis à pleuvoir. Selon certains journalistes, même des collègues avaient fait parvenir des courriels pour me descendre et me salir, et cela, de façon anonyme, bien évidemment.

Des gens que je ne connaissais même pas donnaient des interviews aux journalistes, en mentionnant qu'eux me connaissaient et que j'étais pire que tout ce que le monde pouvait imaginer. Et d'aucuns se sont permis de salir la mémoire de mon père, mort depuis plus de 12 ans, prétendant qu'il était intervenu pour que je me trouve un emploi comme policière. Si cela avait été le cas, c'est dans la police de Saint-Hubert, dont il était le patron, que je me serais fait embaucher.

À bien y penser aujourd'hui, c'est là que j'ai probablement commis la plus grosse erreur de ma vie. J'aurais dû aller travailler pour lui, car il n'aurait jamais envoyé ses hommes et ses femmes comme chair à canon pendant des mois, équipés de façon inadéquate. Et il n'aurait jamais pointé du doigt ou blâmé un de ses policiers s'il avait su, de façon claire, que celui-ci avait fait son travail. Il aurait assumé son rôle de leader et aurait soutenu ses policiers dans ces conditions exécrables et dangereuses.

Mon père m'a, par ailleurs, appris bien des choses. Entre autres, de ne pas trop m'en faire avec les commentaires et les critiques négatives. Mais il m'a surtout montré à rester debout, à défendre mes convictions et mes valeurs.

Même dans les milieux les plus criminalisés, comme la mafia ou les bandes de motards, on ne s'attaque pas aux membres de la famille d'un ennemi. On ne peut descendre plus bas. C'est dégoûtant, à faire lever le cœur. C'est d'ailleurs à partir du moment où on s'en est pris à ma famille que j'ai dû composer avec des nausées incessantes, et je n'ai pas encore réussi à m'en débarrasser.

Mes amis demeurés fidèles me déconseillaient d'aller sur Internet, car même eux ne pouvaient composer avec toutes ces vomissures qu'on crachait sur moi. Mais je ne pouvais m'y soustraire complètement parce que c'était repris par les journaux, les bulletins de nouvelles à la télé et toutes les tribunes téléphoniques. Mon nom et mon matricule étaient devenus les succès de l'heure. Au point où mon matricule 728 est devenu mon nom et, mon nom, un simple alias.

J'ai tenté par tous les moyens possibles de préserver ma santé mentale pour pouvoir continuer à fonctionner au quotidien. Ma famille avait besoin de moi. Je me suis isolée dans une bulle par mesure de protection. Je me suis abstenue d'ouvrir la radio ou la télévision. Je ne m'approchais même plus de notre salle d'ordinateur à la maison.

Les 24 premières heures qui ont suivi la diffusion de mon intervention et de ma sortie colérique ont été un pur enfer. Le téléphone chez nous ne cessait de sonner. Mon entourage, inquiet, venait aux nouvelles et m'offrait aide et encouragement. C'était plus qu'apprécié.

Mais dans des moments aussi pénibles, l'instinct naturel refait surface et le noyau familial se referme sur lui-même et ne laisse entrer personne. On était trop à vif, Marie-Claude et moi, on ne faisait plus confiance qu'à un nombre très restreint d'amis.

J'admets que je me suis mise dans l'embarras avec la conversation personnelle enregistrée à mon insu, mais est-ce qu'une sortie colorée justifie de se faire lyncher de la sorte par une partie de la population? Ces paroles n'étaient pas très jolies. Elles étaient même vulgaires, mais elles n'avaient rien de criminel. Ce n'était que le reflet de ma frustration et de ma colère devant le fait de me faire agresser alors que je n'effectuais que mon travail.

Je ne suis pas du genre à garder mes émotions en dedans. Lorsqu'elles sont extériorisées et évacuées, je peux ensuite passer assez rapidement à autre chose. Je ne rumine pas mes frustrations pendant des jours et des jours. C'est pour cela, d'ailleurs, que j'ai toujours réussi à gérer le stress continuel qui vient avec le métier de policier.

Il était normal que je me confie à la seule personne qui s'est tenue debout à côté de moi, qui m'a soutenue, épaulée et ne m'a pas abandonnée après le calvaire que je vivais depuis le 20 mai 2012. Aujourd'hui encore, Marie-Claude s'en veut de m'avoir téléphoné ce soir-là.

Les conversations personnelles font partie de la vie privée et sont protégées par la loi pour une raison bien précise. Elles ne sont pas d'intérêt public et doivent demeurer confidentielles.

Ce qui a permis au journaliste de Radio-Canada de justifier la diffusion de cette conversation privée, c'est que je parlais supposément à mon supérieur. Mais où a-t-il pêché ça? Qui lui a pistonné cette fausse information?

MON ADRESSE PERSONNELLE À LA TÉLÉ !

À 6 h du matin, le 11 octobre 2012, au lendemain de la diffusion de la primeur de Radio-Canada, je me suis fait réveiller par la sonnette de notre maison. Je me suis dirigée vers la porte d'entrée, tout en me demandant qui pouvait bien venir sonner chez nous à cette heure-là.

J'ai monté l'escalier qui y menait, j'ai ouvert la porte et, devant moi, se tenaient deux policiers de Longueuil venus m'avertir que la photo et l'adresse de notre domicile avaient été diffusées à la télévision. Ça y était, ce que je craignais le plus depuis le début de la campagne de salissage contre moi était arrivé. Le danger était à la porte de notre demeure, prêt à y entrer. Maintenant, ce n'était plus qu'à moi qu'on pouvait s'en prendre, mais à ma famille.

On venait de dépasser la limite de la liberté de presse, en diffusant partout mon adresse et en montrant la photo de ma maison. On venait d'exposer toute ma famille à un danger potentiel. Le sentiment de sécurité que tout un chacun recherche dans son chez-soi venait de s'évaporer pour ma conjointe et moi. C'était la nouvelle qu'on appréhendait depuis le début et voilà qu'elle s'était concrétisée.

Selon la loi, on ne peut diffuser l'adresse d'un criminel condamné pour des actes de pédophilie ou autres crimes graves, mais, dans mon cas, on s'est donné le droit de diffuser mon adresse à la télévision, et d'autres l'ont affichée sur

Internet. Et pourquoi ? Parce que tout le monde au Québec pensait que j'avais commis une bavure policière ?

Pourtant, ni un juge ni un jury n'avaient décidé de cela. Absolument pas. C'étaient l'état-major de mon service de police, les médias traditionnels et les médias sociaux. Et le ministre de la Sécurité publique, qui n'avait pas levé le petit doigt pour me défendre et qui réclamait une enquête haut et fort. Avec pour résultat que le grand public était persuadé que j'étais coupable sans même avoir été accusée de quoi que ce soit.

J'avais l'effroyable impression qu'on n'était pas en 2012, au Québec, mais dans les années 1600, où on m'aurait pourchassée et traquée pour finalement m'amener au bûcher pour y subir ma sentence.

Je sentais cette énorme pression quotidiennement sur mes épaules, venant de la population qui carburait aux reportages de certains journalistes et aux affirmations de certains animateurs populaires alimentant constamment la haine, le mépris, l'humiliation publique, le dégoût, et j'en passe.

Ça ne venait pas de toute la population, mais les gens qui se prononçaient à mon sujet n'étaient certes pas mes amis. Sentant le piège se refermer sur moi, constatant, encore une fois, que mon employeur n'avait pas l'intention de venir à ma rescousse et voyant bien que je ne pouvais faire confiance à personne liée de près ou de loin à lui, je devais agir. C'était crucial. Je devais faire appel à de l'aide extérieure à mon milieu de travail.

Je savais qu'on m'avait désignée depuis fort longtemps comme le *fall guy*, le bouc émissaire. Et que quoi que je fasse, je devais maintenant me battre contre de gros morceaux, et la bataille s'annonçait féroce.

Je devais me tenir debout en assumant mes actions et mes paroles. J'étais maintenant au banc des accusés et je devais faire valoir les droits et les protections que m'assurent, comme pour tous les citoyens, la Charte canadienne des droits et libertés et le Code criminel canadien.

Après la diffusion de notre adresse personnelle, consternation, crainte, colère, angoisse, anxiété, hypervigilance, insomnie et surveillance constante du domicile faisaient partie de notre mode de vie quotidien à Marie-Claude et moi. On vérifiait s'il n'y avait pas de colis suspects sous nos véhicules avant de les démarrer. On surveillait le quartier comme si on était en devoir à Montréal. On vivait un stress terrible. On vivait constamment en se méfiant, on avait perdu l'appétit, on était fatiguées et épuisées.

La nuit était la période d'angoisse la plus difficile. Ce n'est pas évident de tenter de dormir quand on vit constamment dans l'insécurité.

Je passais donc une partie de la nuit à m'assurer qu'il n'y avait rien d'anormal à l'extérieur. Je me reposais le jour pour assurer mes rondes de nuit et j'ai vécu ainsi pendant de nombreuses semaines. Ma conjointe tentait de dormir le mieux possible, mais elle démontrait des signes de fatigue et d'insomnie.

CAMÉRAS ET SURVEILLANCE
24 HEURES SUR 24

Tout à coup, les choses se sont bousculées à un train d'enfer. On m'a d'abord annoncé qu'on mettait mon domicile de la Rive-Sud de Montréal sous surveillance 24 heures sur 24.

Nous avions donc en permanence un véhicule de police tout près de notre maison. Et, soudainement, des décisions ont été prises pour tenter d'assurer notre sécurité et nous venir en aide. Cela nous a pris par surprise. À un point tel que cela nous a semblé être de l'aide forcée, un moyen de nous rassurer qui n'était pas vraiment convaincant tellement on était traumatisées. Ça faisait des mois qu'on demandait de l'aide, sans résultats. Et là, tout à coup, ça y était.

En plus d'instaurer une surveillance permanente de notre domicile, la Section des renseignements du Service de police de Montréal, qui s'occupe du Programme de la protection des témoins, nous a suggéré avec insistance d'installer des caméras de surveillance à notre domicile.

Échaudées et méfiantes comme nous étions devenues, et au courant de certaines de leurs méthodes spéciales, nous avons refusé sur-le-champ. Ils sont revenus à la charge en faisant intervenir un collègue que je connaissais et qui travaillait maintenant à cette section. Nous avons encore refusé.

Ils sont encore revenus à la charge, impliquant cette fois la personne qui était la plus proche de moi à l'interne. C'était quelqu'un en qui j'avais toujours eu confiance. Il nous a convaincues qu'il valait mieux que j'adhère à leur suggestion pour le bien de ma famille.

Le jour même où j'ai donné mon accord, quelqu'un de la Section des renseignements m'a téléphoné pour la pose des caméras. Il était question d'installer deux caméras ultrasophistiquées, une à l'arrière et l'autre à l'avant de ma résidence. Selon cette personne, la caméra extérieure était une caméra infrarouge avec vision de nuit. Le même après-midi, des installateurs étaient chez moi avec leur équipement. J'étais seule, ma conjointe ayant quitté la maison avec les enfants. Ils devaient passer la nuit chez des proches, car, sur les médias sociaux, on invitait les gens à une manifestation devant notre domicile et au centre-ville pour demander mon congédiement et l'on inscrivait à nouveau notre adresse personnelle. Les menaces, les injures et les appels à la violence sous-jacente nous inquiétaient au point qu'il fallait quitter notre maison.

Ma tête était tellement ailleurs que je n'ai pas réagi quand les gens des Renseignements spéciaux m'ont dit qu'ils allaient aussi installer des caméras à l'intérieur de la maison, m'expliquant que cela leur donnerait de meilleurs angles pour mieux filmer à l'extérieur, ce dont ils ne m'avaient pas parlé auparavant.

Ils ont fixé une caméra dans la fenêtre de notre chambre, une dans la salle de bain familiale et une autre dans le salon, prétextant que, finalement, la caméra installée à l'arrière de la maison n'était pas infrarouge avec vision nocturne. Cette valse-hésitation de leur part ne m'inspirait pas confiance, mais je les ai laissés faire.

J'ai passé toute la fin de semaine seule à la maison à attendre nerveusement la suite des événements. Finalement, après une nuit passée chez des amis, Marie-Claude est revenue à la maison avec les enfants puisque le danger semblait écarté. Quand elle a aperçu les caméras installées dans notre maison, ma conjointe, qui ne s'énerve pas souvent, a piqué une sainte colère. J'ai eu beau lui expliquer que ces caméras pointaient vers l'extérieur de notre domicile, elle ne décolérait pas. Policière d'expérience, elle craignait que des micros puissent être cachés dans les caméras. Et les endroits stratégiques où on les avait installées tendaient à lui donner raison.

Excédée au plus haut point, elle s'est mise à arracher les caméras en question et en a disposé dans un endroit sécuritaire, mais à l'extérieur de la maison.

Et étrangement, dans les minutes qui ont suivi ses gestes, le téléphone a sonné. C'était le responsable de la surveillance :

— Est-ce que tout va bien? m'a-t-il demandé.

— Tout va bien, ai-je répondu. Vous viendrez chercher votre équipement. On ne se sentait pas à l'aise avec ces caméras qui, au départ, ne devaient se trouver qu'à l'extérieur de notre maison.

J'en suis venue à la conclusion que ces caméras-là n'étaient pas là pour m'aider, mais pour me couler. J'ai exigé de mon supérieur qu'il lève la surveillance de mon domicile qui en était à sa cinquième journée. Je lui ai mentionné qu'à partir de maintenant, nous allions nous-mêmes assurer notre sécurité avec nos propres moyens. Les véhicules banalisés ont disparu de notre environnement familial sur-le-champ.

Après le départ des caméras, mon supérieur m'a téléphoné, alléguant que j'avais commis des infractions criminelles alors que je me trouvais en fonction. Je faisais maintenant l'objet d'enquêtes criminelles imposées par le ministre de la Sécurité publique, qui exigeait qu'on fasse la lumière sur mon cas.

C'était maintenant de toute évidence politique ; on n'avait pas l'intention de m'épargner. Le pire, dans tout cela, c'est que mon supérieur n'était même pas en mesure de me dire de quoi on m'accusait exactement.

Dès ce moment, j'ai su quoi faire si je voulais avoir une chance de tenir mon bout contre tout ce qui représentait le pouvoir. Le monde de la politique et de la justice semblaient se concerter pour me faire payer le prix de tout ce bordel du printemps 2012.

UN AVOCAT À LA RESCOUSSE

C'était maintenant clair et net dans mon esprit, on venait encore, pour une deuxième fois, de changer les règles du jeu au beau milieu de la partie pour les retourner contre moi. Le piège se refermait véritablement sur moi.

Il était temps que je cesse de nier le fait qu'on m'avait maintenant poussée sous les roues d'un autobus. J'allais payer cher le fait d'être retournée travailler. J'étais désolée de le constater, mais j'étais maintenant une femme à abattre. Il était temps que je me fasse représenter par un avocat.

Dorénavant, tout s'alignait contre moi. En première ligne, mon employeur. Ensuite, le ministère de la Sécurité publique du Québec, la déontologie policière, les médias de tout genre, la colonie artistique au grand complet, les carrés rouges et, en grande finale, l'opinion publique.

Je n'avais pas pris conscience que je plongeais dans un gouffre, car, au début d'une tempête, ça frappe trop fort. Ça nous étourdit et nous plonge dans un état second. Je ne me rendais pas compte dans quel marasme je me dirigeais lorsque j'étais traînée dans la boue, couverte de honte et rejetée du genre de vie que je connaissais et appréciais avant d'être renvoyée.

J'ai passé tout cet automne 2012 en chute libre. Je me sentais constamment épiée, j'étais l'objet d'enquête et, encore une fois, j'étais jugée coupable d'avoir seulement tenté de faire mon travail alors qu'on avait tenté de façon évidente de m'empêcher de le faire.

Je savais maintenant que mon employeur m'avait trahie par deux fois en moins de cinq mois, que mon syndicat ne faisait que me répondre que ma situation était politique et qu'on n'y pouvait rien, sauf accepter la candidature de l'avocat que j'avais décidé d'approcher.

Avant de trop m'enfoncer dans ma noirceur, j'ai pris la décision de me trouver un avocat, pas juste un bon avocat, mais l'un des meilleurs au Québec. Il fallait que je trouve un criminaliste qui était à l'extérieur du monde de la police, car je ne faisais plus confiance à tout ce qui se rapprochait de ce milieu.

Le criminaliste bien connu, Jean-Pierre Rancourt, a accepté de me rencontrer la même semaine d'octobre au cours de laquelle j'ai appris que j'étais devenue une suspecte faisant l'objet d'enquête et non plus une policière et une honnête citoyenne.

Imaginez comment on se sent quand on a vécu comme une honnête citoyenne et, subitement, on se retrouve sur le point de se faire criminaliser au point d'être obligée d'avoir recours à un spécialiste du droit criminel comme Me Rancourt.

On a beaucoup de difficulté à croire ce qui nous arrive. On se croit dans un film, dans un mauvais rêve, mais on vit dans la tourmente, on se trouve en plein cauchemar et ça ne semble pas vouloir s'arrêter.

Après avoir pris connaissance de tous les événements dans lesquels j'étais impliquée jusqu'au cou, il a accepté de devenir mon défenseur et de soutenir ma famille dans ce chaos indescriptible dans lequel nous étions.

C'était le seul point positif de ma vie à ce moment. Je n'en voyais pas d'autres. Plus les jours passaient, plus je broyais du noir. Les sentiments négatifs avaient envahi toutes mes pensées et polluaient l'existence de ma famille.

À UN CHEVEU
DE COMMETTRE L'IRRÉPARABLE

D'humeur constamment maussade, pour ne pas dire massacrante, je voyais tout en noir. Découragée, désabusée et impuissante devant autant d'adversité et de méchanceté, je ne voyais pas comment j'allais faire pour passer à travers ces épreuves qui s'accumulaient et ne faisaient que commencer.

C'était extrêmement ardu de devoir subir un traitement pire que celui qu'on m'avait réservé tout au long de l'été, car, maintenant, le sentiment de sécurité que nous procurait notre domicile s'était évaporé.

Quand j'avais accepté de faire ce métier, et ça s'applique également à Marie-Claude, ça ne faisait pas partie de mes conditions de travail que nos proches fassent les frais d'histoires qui ne les concernaient pas.

C'est moi, et moi seule, qui avais prêté serment de servir la population au risque de ma vie, pas ma famille. Je me sentais responsable et coupable d'avoir amené tous ces dangers et ennuis à mes proches. Je me morfondais toutes les nuits à l'idée de les avoir mis en danger. D'aussi loin que je puisse me souvenir, cette période automnale de 2012 a été de loin la plus troublée de mon existence. Des idées noires ont constamment habité mon esprit jour et nuit.

J'avais beau m'être coupée du monde extérieur en évitant de consulter les journaux, d'ouvrir la radio et la télé, pour me protéger du mieux que je le pouvais, j'étais totalement démoralisée.

Un jour, en revenant du siège social de mon syndicat, après une rencontre durant laquelle on m'avait encore affirmé que ma situation était devenue un enjeu politique et qu'on ne pouvait rien faire de plus pour moi, j'ai été stupéfaite d'entendre une interview à la radio. Une actrice porno affirmait qu'on avait conçu un film pornographique dont le titre était *728, agente XXX*. C'était la goutte qui a fait déborder le vase !

Je ne pouvais plus rester inactive et me laisser faire. Le producteur de ce film était allé trop loin. Je ne pouvais pas le laisser s'emparer de mon image dans un but lucratif. Je ne considérais pas comme de l'humour un film de ce genre, même si ce dernier affirmait que c'était une satire humoristique. Son argument ne tenait pas la route.

Je suis donc sortie de l'ombre où je m'étais réfugiée pour entreprendre des procédures judiciaires pour faire respecter mes droits. J'en avais assez d'endurer des conneries de tout genre à mon sujet.

On avait monté des spectacles d'humour que je ne me gêne pas pour qualifier d'homophobes, on avait publié des caricatures dégradantes, on avait composé des chansons stupides à mon sujet, c'était assez ! Là, j'en avais ras-le-bol et j'étais en colère de constater jusqu'où le fait d'avoir simplement fait mon travail m'avait menée.

Il fallait que ce dénigrement gratuit, cette haine et cette homophobie maladive cessent et j'étais la seule capable d'y mettre fin. Avec cette nouvelle tuile, je commençais à subir les effets néfastes du stress sur ma santé en général. À part les nausées qui m'affligeaient depuis le mois de mai, plusieurs autres indicateurs de stress extrême découlant de l'insomnie ont fait leur apparition : irritabilité, perte d'appétit, anxiété, points de pression à la poitrine, migraines, pression artérielle qui grimpait alors que je n'avais jamais fait de pression de toute mon existence, hyperventilation, sueurs froides qui me réveillaient alors que je venais à peine d'être capable de fermer l'œil après une autre nuit blanche. Je me demandais constamment comment j'allais faire pour passer à travers de cet enfer et supporter les stigmates que laissent toujours les causes de brutalité policière.

Ma famille m'encourageait sans cesse à me remonter les manches et relever la tête pour que je continue de me battre et ne me laisse pas aller au découragement. Mais personne n'est à l'abri du désespoir. On a beau se sentir fort, un jour ou l'autre on frappe un mur et on n'est plus certain de vouloir continuer à endurer cette douleur intolérable qui en force plusieurs à mettre fin à leurs jours.

Je connais bien le processus du passage à l'acte lors d'un suicide. J'ai dû faire face très fréquemment à ce mal de société durant ma carrière. Je sais que lorsqu'il a été planifié, le passage à l'acte se déroule très souvent rapidement. De plus, dans mon cas, je savais exactement de quelle façon je voulais procéder.

Un soir du mois de novembre, où je me trouvais dans un état trouble, j'ai quitté ma demeure sans aviser qui que ce soit. J'ai sauté dans mon véhicule, quitté mon quartier et ai emprunté l'autoroute qui se trouve à deux minutes de chez moi. Ma tête était dans un épais brouillard et je ne me souviens plus combien de kilomètres j'ai parcourus avant de sortir de ma torpeur. J'ai levé les yeux et, en ouvrant la lumière intérieure, j'ai aperçu les photos de mes deux enfants accrochées au pare-soleil. La douleur intense qui s'était emparée de tout mon corps et mon esprit s'est peu à peu dissipée et j'ai pu éviter de commettre l'irréparable.

J'étais passée à un cheveu de passer à l'acte. Puisant au plus profond de mon être, trouvant le peu de forces qui me restaient, j'ai pu atténuer la souffrance qui me hantait depuis plusieurs mois. C'est quelque chose d'être forte, d'avoir une force de caractère hors du commun, mais il vient des moments où la volonté de mettre un terme à la douleur peut nous jouer des tours.

À mon retour à la maison, je savais que je venais de jouer avec le feu et que j'étais passée proche de me brûler. Ce mois de novembre a été le pire mois de ma vie. Jamais je n'avais expérimenté de telles douleurs affectant autant le mental que le physique. Pour parvenir à pousser une personne comme moi au bord du suicide, il a fallu un acharnement sans fin.

Plusieurs de mes collègues qui sont proches de moi me faisaient des commentaires du genre :

— Une chance que ça t'arrive à toi parce que moi, je n'aurais pas passé à travers d'un tel châtiment.

C'est sûr que j'étais devenue quelqu'un à la peau épaisse. J'avais la « couenne dure », comme on dit. Lorsqu'on est souvent ciblé ou injurié, on s'habitue à ce genre de comportement. On apprend à se protéger en se forgeant une carapace. On s'immunise face à la bêtise humaine qui se présente sur son chemin quand on a le malheur de ne pas être né comme les autres.

Jusque-là, mon esprit combatif et mon instinct de guerrier m'avaient permis de venir à bout de ces longs tunnels noirs. Pour pratiquer ce métier qui réserve constamment des surprises, j'avais toujours eu comme philosophie que la vie est plus forte que la mort. Pour survivre, il faut se visualiser en vainqueur et il faut constamment se le rappeler. On doit toujours vaincre et ne jamais lâcher, peu importe les circonstances. La défaite n'est jamais une option, car elle rime avec la mort. Et on ne revient jamais de la mort.

Pendant cette période très sombre, j'ai dû me battre très fort pour rester en vie. Je ne pouvais faire vivre une telle épreuve à mes proches. Je n'avais pas le droit de les laisser tomber, de leur faire faux bond.

Je me suis raccrochée grâce à eux. Ils agissaient comme un baume sur ma souffrance. Ils calmaient mon esprit et me permettaient de trouver encore de beaux aspects à la vie. Merci, mon Dieu, de les avoir mis sur ma route! Je n'ose penser à ce qui aurait pu arriver sans leur présence à mes côtés durant ces longs mois d'angoisse.

L'arrivée de l'hiver 2012 ne s'annonçait guère mieux que l'ensemble de l'année. Les revues de fin d'année dans les médias approchaient à grands pas et je savais pertinemment qu'on n'allait pas m'épargner. Que j'allais faire les frais des émissions humoristiques.

Et, en effet, pas une de ces émissions spéciales ne m'a oubliée. Que ce soit le *Bye bye*, *Infoman* et certaines pièces de théâtre, ils se sont tous payé ma tête comme on l'avait fait durant toute l'année. Ce fut un moment pénible à passer, bien que je n'en aie visionné aucun. Mais j'en ai eu des échos partout où je me suis trouvée durant la période des Fêtes.

Je n'ai jamais été aussi heureuse de voir se terminer une année et je ne souhaite à personne d'avoir à vivre une telle année merdique.

Au début de l'année 2013, je faisais toujours l'objet d'une enquête criminelle pour les événements du mois de mai 2012 et pour mon intervention au mois d'octobre suivant. On alléguait que j'avais volé un téléphone cellulaire. C'était le téléphone que j'avais saisi à la seule femme accusée dans cette histoire et qui, demeuré ouvert, avait enregistré les propos qui, par pure magie [sic], se sont retrouvés sur les ondes de Radio-Canada. On prétendait aussi que j'avais produit un faux rapport concernant l'intervention de la rue Papineau alors que c'est impossible de le faire sans se faire prendre. Et l'enquête sur l'affaire du poivre de Cayenne était toujours ouverte.

J'ai eu un peu de répit pour le reste du mois de janvier 2013. Je me méfiais quand même de ce calme relatif ; je n'étais plus habituée à la tranquillité. J'avais raison. C'était le calme avant une autre tempête.

PAS AU BOUT DE MES PEINES

Le mois de février s'était bien amorcé. Un samedi matin, j'étais dans mon salon avec mes enfants. J'ouvre le téléviseur qui était à LCN, le Canal Nouvelles du Groupe TVA. Je suis là, plein écran, avec un sous-titre : «Accusations possibles pour une agression armée ? »

Je change de poste rapidement, mais pas assez pour éviter un barrage de questions d'un de mes enfants en âge de comprendre qu'on parlait de sa mère à la télévision, aux nouvelles en plus, et pourquoi ?

Je lui ai répondu le plus franchement possible sans entrer dans les détails. Sachant que la nouvelle allait passer en boucle durant toute la fin de semaine, on a évité d'ouvrir le téléviseur pour que nos enfants n'aient pas à subir ce battage médiatique inutile. Eh oui, encore une fois, un porte-parole du Directeur des poursuites criminelles et pénales désinformait la population à mon sujet. Et je n'exagère pas.

En effet, on n'était pas sans savoir, au DPCP, que lors de l'incident de mai 2012, je ne pouvais être accusée d'aucune infraction criminelle. Cet incident s'était produit lors d'une émeute et la loi protège les policiers qui ont comme fonction de réprimer les émeutes par tous les moyens possibles (*voir Annexe III, article 69, p. 263*).

De plus, tout le chapitre consacré à la répression des émeutes dans notre Code criminel canadien est un des seuls qui prévoit, dans l'un de ses articles, de possibles accusations contre un policier qui décide de fuir plutôt que d'intervenir (*voir Annexe III, article 69, p. 263*). En effet, un policier est forcé de réprimer les émeutes à tout prix et, vu cette obligation, il a l'immunité.

Dans mon cas, on voulait m'accuser d'agression armée alors que je me trouvais au cœur d'une émeute où plusieurs policiers avaient déjà été agressés et blessés? Il s'agissait nettement d'intimidation et de harcèlement à mon endroit de la part de notre gouvernement par le biais de ce porte-parole.

Ce genre de harcèlement durait depuis de longs mois et commençait à être lourd à porter. Il fallait que ça cesse.

Personne ne pouvait m'accuser d'une infraction criminelle pour avoir accouru à la rescousse de mes collègues en danger. C'était nécessaire d'intervenir pour préserver notre sécurité le plus possible et pour tenter d'assurer l'ordre dans la ville.

Lors de cette nuit d'émeute, qui restera gravée à jamais dans ma mémoire, j'étais loin de commettre des infractions criminelles. Je ne faisais que mon devoir en répondant aux ordres du même employeur qui me trahirait publiquement quelques heures plus tard.

Nous avons encore passé une fin de semaine gâchée par cette nouvelle sensationnaliste. La seule chose que cette nouvelle a provoquée de positif a été de me décider, une fois pour toutes, à ne plus me laisser traiter de la sorte. La mascarade avait assez duré. C'était à moi de mettre le holà, ma famille en ayant assez enduré. Il fallait définitivement que ça change. On était au bout du rouleau. Mes forces m'abandonnaient, remplacées par de la colère pure.

Marie-Claude avait rejoint le vice-président de notre syndicat sur son cellulaire durant la fin de semaine. Elle lui avait expliqué que je n'allais pas très bien, et celui-ci lui avait affirmé qu'il réglerait cela dès le lundi matin. Ce lundi matin, je me suis rendue seule au siège social du syndicat dès l'ouverture, à 9 h tapant. Je savais que j'avais besoin d'aide pour me permettre de souffler un peu. Je me suis assise à la réception dans l'attente que le président ou le vice-président me reçoive. J'ai été accueillie par le vice-président qui m'a fait passer à son bureau. Il voyait bien que je n'étais pas particulièrement de bonne humeur.

Je lui ai expliqué ma situation et, à un moment donné, le ton a monté. Depuis des mois, personne ne semblait vouloir m'écouter, incluant les dirigeants de la Fraternité, dont j'étais membre. J'en avais assez et je ne me suis pas gênée. On me jouait encore et toujours la même cassette :

— C'est politique, on ne peut rien faire...

La seule voie de secours qu'on m'offrait c'était de déménager ma famille et on pensait me réconforter en me rappelant qu'au moins, j'étais toujours payée. Non, je n'allais pas me laisser salir, même si je recevais mon salaire. Insatisfaite, je lui ai expliqué la réalité dans laquelle je me réveillais chaque matin et lui ai dit que je n'étais plus en mesure de supporter la pression associée à cette situation.

Ce n'était pas la première fois que je demandais de l'aide de leur part sans jamais en recevoir. Cette fois, j'ai insisté, vraiment. Il fallait que le harcèlement, l'acharnement de toutes parts et les menaces de poursuite contre moi cessent. Me connaissant, j'étais consciente que l'usure allait finir par m'avoir. Endurer un tel traitement sur une aussi longue période demande une endurance quasi inhumaine. J'étais à la croisée des chemins.

J'ai dit au vice-président qu'il serait peut-être nécessaire qu'il effectue quelques appels téléphoniques pour mettre fin à cette violation répétitive de mes droits. Je tenais à ce que les autorités se branchent une fois pour toutes. Qu'on m'accuse formellement ou qu'on me fiche la paix. Après tout, après plus de neuf mois, il était grand temps qu'ils soient en mesure de trouver le courage de dire la vérité à la population.

Tenue au mutisme, je pouvais seulement me tourner vers mon syndicat pour tenter de me faire entendre et pour essayer de faire cesser ce harcèlement constant et sans fin. Et c'est ce que j'ai fait. Je me suis vraiment défoulée. Je ne suis restée qu'environ 20 minutes dans son bureau et je suis retournée à mon domicile.

Vers 13 h, le même jour, j'ai reçu un appel téléphonique de sa part. Il m'a demandé si j'accepterais de l'aide professionnelle à l'extérieur du service de police, car il était clair que je ne faisais plus confiance à mon employeur. J'ai accepté sur-le-champ. Une rencontre était prévue pour 8 h 30 le lendemain matin.

ARRÊTÉE, ACCUSÉE ET INTERNÉE

Ce même lundi soir, vers 21 h 15, Marie-Claude et moi étions assises au sous-sol et discutions tranquillement, quand la sonnette d'entrée s'est fait entendre. On n'attendait personne à cette heure. Méfiante, j'ai regardé dehors pour apercevoir un véhicule de la police de Longueuil et une ambulance.

En ouvrant la porte, j'ai reconnu deux sergents-détectives des Affaires internes qui étaient responsables de mon enquête. Ils m'ont alors appris qu'ils étaient là pour m'escorter... à l'hôpital!

— Pourquoi?

— C'est juste pour une évaluation.

— Mais je vais très bien, je n'ai pas besoin d'aller à l'hôpital.

Ils ont insisté. J'ai refusé, car je devinais trop bien leurs intentions. J'ai tout de suite appelé Me Jean-Pierre Rancourt. Il a immédiatement joint les deux sergents-détectives. Me Rancourt m'a rappelée pour m'expliquer qu'ils voulaient seulement s'assurer, avec l'aide d'un médecin, que j'allais bien. Ils l'ont assuré qu'ils n'avaient aucune intention de m'arrêter.

Ne voulant pas créer trop de commotion à l'intérieur de mon domicile, déjà que la sonnette avait réveillé un de nos deux enfants, j'ai accepté de les suivre. Mais au fond, je savais qu'ils allaient finir par m'arrêter. Je l'ai dit à Me Rancourt et c'est ce que j'ai confié à Marie-Claude avant de quitter la maison pour les suivre.

Le transport au centre hospitalier a été long et silencieux. Rendue à destination, j'ai attendu dans une salle fermée à clé et surveillée. Je croyais que je ne sortirais pas libre de cet endroit. Environ une heure plus tard, j'ai eu une rencontre rapide avec un médecin qui a conclu que je n'étais ni un danger pour moi-même ni pour les autres, et il m'a libérée. Mais on m'a retournée dans la petite salle fermée à clé et j'y ai passé une heure et demie sans pouvoir la quitter. J'ai demandé pourquoi j'étais encore privée de ma liberté alors que le médecin m'avait donné le feu vert.

Les détectives des Affaires internes ont effectué plusieurs appels téléphoniques, puis ils sont finalement venus à ma rencontre et ils m'ont mise en état d'arrestation pour avoir proféré des menaces. Ils m'ont lu mes droits, m'ont mise en garde et m'ont transportée au quartier général de la police de Montréal rue Saint-Urbain, tout à côté de la Place des Arts. Il était 0 h 30, et j'avais maintenant perdu ma liberté.

Comme on le fait pour tous les suspects en état d'arrestation, on m'a amenée dans une salle d'interrogatoire et on a tenté de me soutirer des aveux. Je leur ai déclaré que je n'avais jamais fait de menaces à personne et je leur ai dit que ce n'était pas sérieux de venir arrêter quelqu'un à son domicile plus de 12 heures après que les prétendues menaces eurent été proférées.

— Pourquoi m'avoir laissée libre pendant 12 heures si j'avais eu de réelles intentions de causer du mal, ai-je demandé ?

Normalement, quelqu'un qui pose un danger imminent sera recherché et arrêté le plus rapidement possible. Or, dans mon cas, ils connaissaient mon adresse et savaient que je me trouvais chez moi à l'heure du midi, car j'avais discuté avec le v.-p. du syndicat.

Après leur avoir répété et répété que je n'avais proféré aucune menace envers qui que ce soit, je les ai questionnés pour savoir envers quelle personne ces menaces supposées étaient adressées. Ils ne pouvaient me répondre de manière précise. Ils m'ont nommé un nom, un supposé numéro deux du service de police que je ne connaissais ni de nom ni de vue, qui était supposément le plaignant. Ça n'avait aucun sens. Cette arrestation avait une apparence d'illégalité.

Fatiguée et épuisée, je leur ai demandé de me laisser tranquille, car il était maintenant près de 3 h du matin. J'avais besoin de me retrouver seule pour rassembler mes idées. J'ai été transférée vers 4 h du matin au Centre opérationnel Sud, un endroit que je connaissais comme le fond de ma poche pour avoir travaillé dans la région Sud pendant de nombreuses années.

Je ne peux pas dire que ç'a été un choc de me retrouver au comptoir d'écrou, car, en sortant de chez nous la veille, j'avais eu le pressentiment que je passerais la nuit suivante ailleurs que dans mon lit.

C'était comme si j'étais devenue immunisée contre les traitements qui m'étaient réservés. À force d'en subir, on s'autoprotège. Rien ne pouvait empirer davantage ma situation. En m'arrêtant, en m'emprisonnant et en ayant l'intention de me faire parader devant une cour de justice bondée à craquer de journalistes friands de voir la monstrueuse police au matricule 728, ils venaient d'ajouter l'insulte à l'injure.

Durant ma détention, Me Rancourt est venu me rencontrer et m'a informée qu'en moins de deux heures, les médias avaient déjà été informés de mon arrestation. Pas besoin d'un cours d'enquête pour savoir que l'information avait été divulguée de l'intérieur. J'étais dans une impasse. Je devais décider quoi faire. J'ai discuté des choix qui s'offraient avec mon avocat.

Si j'avais été dans un meilleur état général, j'aurais personnellement opté pour un séjour en prison en attendant mon procès pour avoir proféré des menaces à quelqu'un que je ne connaissais même pas. J'aurais plaidé non coupable, mais cela sous-entendait que je passe quelques semaines à l'ombre. La prison ne m'effrayait pas, mais ce n'était pas la solution idéale dans l'immédiat. J'ai donc accepté la suggestion de Me Rancourt qui, avec beaucoup de doigté, a réussi à me faire prendre conscience que je ne trouverais pas l'aide nécessaire à ma situation en prison.

Avec beaucoup de réticence, j'ai accepté de signer un engagement de garder la paix et de me rendre dans un centre hospitalier. J'ai été étonnée d'entendre le juge devant lequel j'ai comparu dire que, parce que j'avais fait peur à quelqu'un, je devais me rendre à l'hôpital et signer un engagement.

Le fait que quelqu'un ait peur ne constitue pas une infraction criminelle et c'était qui, ce quelqu'un en question? Si j'avais bien compris, ce quelqu'un qui désirait l'anonymat avait peur de moi et, pour cette raison, j'ai été arrêtée, placée en détention et j'ai finalement dû comparaître devant un juge, forcée en quelque sorte à signer un engagement si je voulais qu'on m'aide. Incroyable, n'est-ce pas? Mais tout à fait vrai. Mon cauchemar continuait.

J'ai retenu deux leçons de toute cette période démentielle. Tout d'abord, de ne jamais se rendre seule, sans témoin, pour participer à une rencontre avec qui que ce soit. Ce fut la seule fois où je me suis rendue toute seule dans les bureaux du syndicat et je me suis retrouvée derrière les barreaux. Deuxième leçon : c'est parfois risqué d'aller demander de l'aide, car toutes les paroles sont sujettes à l'interprétation qu'en fera celui qui les reçoit. Et dépendamment de l'interprétation qu'il en fait, il peut y avoir des répercussions qu'on n'avait pas prévues et qui compliquent drôlement les choses.

Je sais que j'ai bien fait de sonner l'alarme, car je ne me sentais pas vraiment bien. Mais je n'avais certainement pas besoin de passer par le processus pour le moins brutal qu'on m'a fait subir pour recevoir le soutien que je demandais, et ce, depuis longtemps.

La dernière chose dont ma famille et moi avions besoin c'était que je me fasse arrêter. Mon absence de la maison ne serait pas de tout repos pour ma conjointe laissée seule pour voir au bon fonctionnement familial pendant cette autre période de crise.

Ces deux prochaines semaines allaient être tout un défi, voire un challenge que je n'avais encore jamais relevé.

AU BOUT DU ROULEAU

On reconnaît un combattant par sa capacité à s'adapter à des situations diverses et subites. Peu importe ce qu'il doit affronter, il trouvera toujours un moyen de tirer son épingle du jeu. On est parfois mis en face d'épreuves qu'on perçoit comme une immense montagne insurmontable. C'est à cet instant précis que l'on choisit de se battre ou de se laisser abattre.

Le guerrier, de toute évidence, va inévitablement choisir de se battre. C'est instinctif. Il ne s'agit même pas d'y réfléchir. La question ne se pose même pas. Rien ni personne ne le convaincra du contraire. Il lui vient une poussée d'adrénaline quand il sent le danger, quel qu'il soit. C'est cette poussée d'adrénaline qui le fera réagir et lui permettra de prendre les décisions qui s'imposent selon la situation à laquelle il fait face.

En moins de 24 heures, j'étais passée du confort de ma demeure à la privation de ma liberté, enfermée dans une cellule et internée à l'hôpital pendant deux semaines.

En matière de contraste, on ne peut faire mieux. N'ayant jamais été confinée de ma vie, ce passage obligé et forcé m'a fait découvrir des forces que je ne pensais pas posséder. Je savais que j'étais rendue au bout du rouleau depuis plusieurs mois déjà. Je n'étais plus moi-même. J'avais perdu mon énergie, mon entrain et ma joie de vivre. D'ordinaire boute-en-train, aimant rigoler et avoir du *fun*, plus rien ne me faisait plaisir. Depuis mai 2012, quelque chose en moi s'était éteint. Je n'avais plus de plaisir à vivre ma vie et l'espoir d'un jour retrouver le sourire et le bonheur reposait uniquement sur ma famille, qui me soutenait du mieux qu'elle le pouvait.

Ma conjointe a vécu l'enfer à mes côtés durant ces longs mois. En plus d'avoir à composer avec tous les aspects négatifs que je vivais, elle devait m'épauler, m'écouter, me conseiller et gérer mes colères, mes frustrations et mon humeur souvent maussade. Bien des gens n'auraient pas enduré pareille situation et auraient quitté le bateau. Par chance, elle est demeurée avec moi pour affronter ces tempêtes que la vie avait mises sur notre chemin. Son soutien et son optimisme m'ont permis de passer à travers ces deux semaines de confinement durant lesquelles je ne pouvais même pas prendre une bouffée d'air frais.

Malgré le fait que je reconnaissais avoir besoin d'aide pour apaiser toute la colère qui m'habitait, je ne vois pas pourquoi j'ai dû être mise en état d'arrestation et forcée à vivre un autre épisode désagréable et humiliant. Depuis le temps que je me battais pour obtenir de l'aide, je ne comprends toujours pas pourquoi j'ai été forcée de séjourner dans un hôpital.

Les premières heures passées à cet endroit furent atroces. J'y suis arrivée vers 22 h 30 et ce premier soir s'est déroulé dans le mutisme. Je ne voulais parler ni voir personne. J'étais révoltée de la tournure des événements. Impossible de fermer l'œil sur un matelas de ciment. Et je n'exagère pas. Le plancher de ciment était moins dur que le matelas du lit.

Le lendemain matin, j'ai constaté que j'étais enfermée avec des gens qui avaient commis des crimes graves et avaient besoin de soins médicaux. Après le petit déjeuner, servi dans ma chambre et que je n'ai pas mangé, car l'appétit n'était pas au rendez-vous, ce fut la parade des détenus enchaînés les uns aux autres qu'on dirigeait vers le palais de justice pour rencontrer leurs avocats et connaître le sort qu'on leur réservait.

Les choses s'étaient tellement précipitées au cours des dernières heures que je n'avais pas le temps de vraiment comprendre ce qui m'arrivait. Tout allait trop vite. Mon cerveau était inondé d'éléments entremêlés qui se bousculaient et me sautaient en plein visage.

Ce matin-là, j'étais seule dans une chambre d'hôpital avec passablement de temps pour faire une rétrospective. Mes émotions étaient toujours à vif. La colère n'avait pas disparu et le fait d'être enfermée ne faisait que l'accentuer.

La colère qui se terrait en moi était tellement forte qu'elle avait comme conséquence de me faire ressentir une douleur vive aux tripes. Je n'avais jamais ressenti une telle douleur.

M'étant accoutumée à l'isolement, je me suis réfugiée en terrain sûr pour laisser passer le choc initial du tout nouvel univers dans lequel on m'avait brutalement plongée. Même dans mes pires cauchemars, je n'avais jamais envisagé d'être privée de ma liberté. J'avais toujours été une citoyenne honnête contribuant à la société. J'avais toujours travaillé ardemment, et ce, depuis mon adolescence. Si on m'avait dit qu'un jour je vivrais une privation de liberté à cause de mon emploi, j'aurais fort probablement opté pour gagner ma vie autrement. Aucun métier, aucune position, aucun montant d'argent ne valent la peine lorsqu'on se fait lyncher de la sorte.

Personne ne mérite de se faire traiter de cette façon, peu importe ce qu'on peut lui reprocher, surtout lorsqu'on ne possède aucun fait sur lequel se baser pour se faire une idée.

Tentant de m'acclimater le mieux possible à ce passage obligé, il fallait que je me calme mentalement et que je voie la réalité bien en face. Je devais me ressaisir et essayer de tirer du positif des deux semaines ardues à venir.

C'est plus facile à dire qu'à faire. Il faut d'abord vouloir se faire aider pour que l'aide soit efficace et bénéfique. Le début de mon séjour s'est passé dans l'isolement et le confinement de ma chambre. Je sortais pour voir mon médecin pour immédiatement y retourner. Aux heures des repas, j'attendais que tous les autres aient terminé avant d'aller manger le mien.

Il faut dire que mon visage était à la télévision tous les jours. On parlait de moi constamment et la télévision était un des loisirs préférés de ceux qui se trouvaient enfermés avec moi. Comment faire pour passer incognito dans cet environnement clos?

Une des stratégies que j'ai adoptées a été de considérer cette hospitalisation comme une retraite fermée, ce qui m'a permis de pouvoir à nouveau respirer, de prendre un peu de recul et de m'outiller de façon adéquate pour cette traversée du désert.

Ce n'est pas de gaieté de cœur qu'on se plie à ce genre de démarche, mais la réalité du moment demandait que je fasse un effort pour que ces deux semaines soient les plus bénéfiques possible. Il fallait à tout prix que ma descente aux enfers soit freinée pour le plus grand bien des miens. Je ne pouvais me permettre de m'apitoyer sur mon sort et rester dans cette zone dangereuse qui ne me faisait vivre que des émotions négatives.

Nonobstant le fait que j'étais discrète et plutôt effacée, à peine 48 heures après mon arrivée là, toute l'aile où je logeais savait qui j'étais. Dès lors, mon niveau de vigilance a augmenté considérablement, considérant que le métier de policier n'est pas vraiment populaire auprès d'individus incarcérés. Et c'était pire dans mon cas, car on me percevait comme une policière brutale.

Le concept était irréaliste. En l'espace d'une journée, j'avais tout perdu : ma famille, la liberté de faire de ce que je voulais quand je le voulais, manger et boire ce qui me tentait, prendre une douche à ma convenance, écouter de la musique ou manger du chocolat quand j'en avais envie. Bref, j'avais perdu ma vie, ma routine, mes loisirs, le pouvoir décisionnel que j'avais toujours eu. Par conséquent, il fallait me relever les manches, me tenir debout et ne jamais lâcher. Surtout ne jamais, au grand jamais, abandonner.

Il ne fallait pas que je me leurre. L'environnement plutôt militaire dans lequel j'étais plongée était en fait une prison à l'intérieur d'un hôpital. L'adaptation à la vie carcérale est complexe et différente pour chaque individu et, ce qui ajoutait à la complexité de cet endroit particulier, c'était le statut mixte qui y prévalait. Dans la vie carcérale dite normale, les hommes et les femmes ont chacun leur quartier. Pas là. Dans un hôpital, les hommes et les femmes sont incarcérés ensemble.

À mon arrivée, il n'y avait là qu'une autre femme. Et même si on se trouvait dans une partie de l'aile qui nous était exclusive, on vivait quand même en vase clos avec une vingtaine d'hommes. Ce qui était assez particulier.

Habituée d'évoluer dans un milieu où les hommes sont majoritaires, l'adaptation n'a pas été trop difficile. Par contre, dès qu'ils ont tous su qui j'étais, il a fallu que je porte une attention particulière. Que je sois toujours sur mes gardes.

Quand j'ai constaté que tout le monde sur l'étage savait qui j'étais, j'ai pleinement pris conscience, à ce moment précis, de toutes les conséquences qui découlent d'une médiatisation malsaine avec son lot de demi-vérités, de mensonges et de calamités sur la vie de quelqu'un.

Depuis les événements de la rue Papineau, c'était la première fois que je me trouvais parmi un groupe de personnes, et j'ai dû faire face à la dure réalité de la campagne de salissage contre moi à laquelle participaient plusieurs acteurs, certains faisant partie du Service de police de la Ville de Montréal et d'autres de l'extérieur du service.

Chaque fois qu'on salit un individu avec un tel acharnement, on devrait toujours se poser la question : pourquoi ? Dans bien des cas documentés, cet acharnement a servi à détruire et réduire au silence l'individu ciblé. Il y a pourtant toujours deux côtés à une médaille et lorsqu'on fait tout ce qui est possible pour empêcher que la vérité ne resurgisse, il y a sûrement certaines raisons.

À la cinquième journée de mon séjour à l'hôpital, la vie a placé sur ma route une personne prête à m'aider. Je déjeunais toute seule devant le téléviseur quand un pensionnaire a fait son entrée. Il avait un dictionnaire dans les mains. C'était la première fois que je le voyais. Il s'est installé à une table devant moi et s'est mis à faire des mots croisés. Il n'était arrivé à l'hôpital que la veille puisqu'il était en jaquette. Ce qui est le cas quand on en est à nos premiers jours. On ne passe pas inaperçu. Seul un médecin peut décider du moment où on retrouve nos vêtements. Il ne savait donc pas qui j'étais et ne m'avait pas reconnue. Tout à coup, mon nom et mon numéro de matricule ont été mentionnés à la télévision par un animateur du matin. Quelques séquences de vidéo ont aussi apparu à l'écran.

Il s'est alors tourné vers moi et a amorcé la conversation avec rien de moins que moi comme sujet. J'étais dans une situation délicate. Comme l'animateur n'y allait pas de main morte à mon endroit, la conversation s'est amorcée sur les commentaires négatifs de l'animateur. Je lui ai dit :

— Peut-être juge-t-il un peu trop vite...

— Ouais, tu as peut-être raison, a-t-il répondu.

— Pis en plus, il n'était pas là, ai-je ajouté.

Il a acquiescé d'un signe de tête et il est retourné à ses mots croisés. Mais l'émission n'était pas terminée et, bien que je me sois fait un devoir de me couper de tous les médias, ce matin-là, j'ai décidé d'écouter ce que l'on disait à mon sujet.

J'ai donc terminé mon déjeuner tranquillement en écoutant la télé, et ce n'était pas très plaisant d'entendre des gens parler de moi alors qu'ils ne connaissaient pas les faits. J'ai entendu des commentaires dans le genre à faire monter la pression :

— Pourquoi est-elle encore payée à ne rien faire chez elle ?

L'homme aux mots croisés s'est alors levé, il s'est dirigé vers moi et m'a demandé s'il pouvait s'asseoir à ma table.

— Bien sûr !

On a conversé sur plusieurs sujets, mais c'est Matricule 728 qui refaisait toujours surface. Je lui ai alors rappelé qu'il n'était pas sur les lieux le fameux soir du 20 mai 2012 et lors de l'arrestation de la rue Papineau et je lui ai dit de se méfier de ce qu'affirmaient haut et fort les médias.

On s'est revus le même soir et j'ai fini par lui dire qui j'étais. De toute manière, il allait l'apprendre rapidement, tout le monde le savait à l'étage. Surpris, mais aucunement fâché, il m'a écoutée raconter ma version des faits, l'autre côté de la médaille. Et il a réagi comme toutes les personnes qui connaissaient les faits l'ont fait : il était incrédule. Il m'a demandé si je me moquais de lui.

— Oh non, je suis loin de rire de toi !

Cet homme avait évolué dans les Forces armées cana-
diennes. Il avait été au front. Il connaissait le danger et avait
vécu des événements tragiques. Il comprenait très bien qu'on
m'avait trahie devant la province au grand complet. En
échangeant, nous étions en train d'établir inconsciemment
une relation d'aide. Il avait connu des expériences sortant de
l'ordinaire. Il avait déjà composé avec la perte de sa liberté
et avait aussi connu le tourment qu'un tel châtiment peut
causer. C'était fascinant d'entendre cet homme me raconter sa
vie et m'aider à travers ses propres expériences à apprivoiser
les sentiments que l'on ressent quand on est enfermé.

Je n'ai jamais été quelqu'un qui jugeait les autres, en
ayant déjà assez de subir ce traitement depuis ma tendre
enfance. Je savais le tort que les préjugés peuvent causer, alors
je m'abstenais de faire subir aux autres ce que je n'avais pas
le choix d'endurer moi-même. Durant toute ma carrière de
policière, je n'ai jamais traité quelqu'un différemment des
autres à cause de son statut social, de sa race, de son sexe, de
sa langue ou de sa religion.

Durant toutes ces années passées à côtoyer quotidiennement la misère humaine, j'ai appris que l'empathie démontrée
aux autres est toujours un gage de succès pour établir un
premier contact.

Depuis plus de 18 ans, ma vie professionnelle se résumait
à établir des relations d'aide dans des situations de crise. Mon
travail était de les désamorcer. La clé, pour réussir ce tour
de force, était la plupart du temps l'empathie. Quand on est
capable de se mettre à la place de l'autre par nos gestes, notre
écoute et nos paroles, la personne qui a besoin d'aide ressent
cette empathie et devient plus réceptive à recevoir de l'aide.

Malgré tout le négatif qu'on a pu véhiculer à mon sujet,
j'ai réussi à désamorcer d'innombrables situations de crise

et à apporter de l'aide à des centaines de personnes. J'étais douée pour établir des contacts dans des situations tendues et dangereuses.

En démontrant aux gens en détresse que j'étais prête à les écouter, j'ai très souvent réussi à les convaincre de me suivre de leur propre initiative. Dans le centre-ville de Montréal, les gens en détresse sont monnaie courante et j'étais devenue une spécialiste de ce genre de situation. J'avais une facilité déconcertante à établir un pont avec les personnes désespérées, en crise et aux portes du désespoir. Les occasions où j'ai dû utiliser la force pour qu'un individu puisse recevoir de l'aide ont été très rares. Règle générale, après avoir discuté avec eux, ils acceptaient de me suivre.

L'homme aux mots croisés a ressenti cette empathie. Et, en dépit du fait que nos vies respectives étaient complètement à l'opposé, nous avons été en mesure de nous aider mutuellement pendant notre passage à vide. Après quelques conversations fort intéressantes, nous nous sommes rendu compte qu'on avait plusieurs points en commun. Je tiens d'ailleurs à le remercier pour son soutien et son écoute. Je ne veux pas le nommer, mais je sais qu'il se reconnaîtra. Il figure parmi les gens qui m'ont grandement aidée à passer à travers le cauchemar interminable que j'ai vécu.

Quand je l'ai rencontré, je me trouvais dans une très mauvaise période de ma vie, une des pires pour être bien honnête, et ce, dans des conditions pour le moins invivables. En très peu de temps, ce parfait inconnu venant d'un milieu tout à fait à l'opposé du mien a su trouver les bons mots pour m'aider à sortir de mon impasse. Je lui serai à jamais reconnaissante de m'avoir écoutée et m'avoir transmis son expérience. Par sa façon de voir les choses, il m'a permis d'avoir une autre vision de ce qui m'arrivait. Et, par le fait même, à mieux gérer les événements, ainsi que les émotions qui venaient avec.

À ma souvenance, plusieurs jours se sont écoulés après mon arrivée à l'hôpital avant que ma colère commence à s'atténuer et que je retrouve un peu de calme. C'est extrêmement difficile de se faire aider quand on est complètement fermé aux autres. Vers la moitié de mon séjour, après avoir côtoyé et m'être ouverte à l'homme aux mots croisés, j'ai commencé à me calmer intérieurement. J'étais prête à écouter les conseils de mon médecin, ce qui m'a finalement permis d'acquérir des outils pour combattre ma colère qui était au bout de ses ressources.

Ça n'en demeurait pas moins pathétique de constater que, pour en arriver là, il avait fallu qu'on procède à mon arrestation en prétendant que j'avais proféré des menaces et, qu'ensuite, devant le juge, ce dernier me lise un texte disant que quelqu'un avait peur et que, pour cette raison, il fallait que je consente à une évaluation

À bout de force, j'ai laissé passer cette absurdité, car ce que je voulais avant tout, c'était qu'on me fiche la paix et qu'on m'aide. Cette fois-ci, j'avais choisi mon combat et c'était celui de ma santé qui avait remporté la palme. Je savais que cette colère progressive mettait ma santé en jeu. Même si ce fut long avant que je puisse me calmer et remettre les énergies qui me restaient à contribution, j'ai tout de même amélioré la condition dans laquelle je me trouvais.

Vers la fin de mon séjour, j'ai posé la question qui brûle les lèvres quand on vit un tel cauchemar depuis des mois. J'ai demandé à mon médecin traitant :

— Docteur, est-ce que je souffre d'une maladie quelconque ?

Quand on vit le cauchemar que je vivais depuis des mois, il arrive un moment où l'on se remet en question. On se demande si nos réactions sont normales. Si nous émotions sont légitimes. Si nos frustrations sont justifiées. Bref, on se demande si ce genre d'événement, où tous se liguent contre nous, et la douleur et la souffrance qu'il provoque vont cesser un jour. Et, sinon, est-ce que cela se transmettra à nos proches dans le futur?

C'est hallucinant de penser à toutes les implications qu'un tel lynchage public a comme conséquences. De prendre conscience à quel point des gens complètement innocents sont affectés lorsque l'un des leurs se fait traiter de façon aussi injuste et cruelle.

Devant l'ensemble de ces événements fortement médiatisés et perçus de façon négative par la population, qui ne possède pas tous les faits parce que les médias n'en diffusent que des parcelles choisies, on se demande si les idées noires qui envahissent notre esprit et qui sont omniprésentes depuis plusieurs mois font partie d'un processus normal et disparaîtront un jour, ou si elles ne feront pas maintenant partie intégrante de notre vie.

La culpabilité que l'on ressent en étant désigné comme quelqu'un qui devrait avoir honte de ses gestes, même si l'on ne faisait que son travail, est constante et forte. C'était plus fort que moi ; je me sentais coupable et responsable d'avoir à faire subir toute cette tourmente à ma famille et à mes proches. On se dit inévitablement que c'est à cause de soi si on est dans le pétrin et dans une situation invivable et loin d'être saine et stable.

Je voulais savoir si je présentais une pathologie ou si c'était l'ensemble de l'œuvre des derniers mois qui m'avait plongée dans l'état de colère dans lequel je m'étais retrouvée.

J'ai eu des séquelles engendrées par le fait d'avoir été ostracisée de la sorte. Je me demandais comment j'allais faire pour me relever de tant d'humiliation. Je me sentais coupable d'avoir fait subir toute cette tourmente à ma famille et à mes proches.

Je ne souffrais pas et n'ai jamais souffert d'aucune pathologie. Par contre, la montagne de stress, d'anxiété, d'insomnie et de fatigue découlant de notre sentiment d'insécurité à notre domicile ; les menaces, le harcèlement, l'intimidation et le rejet affichés par mon employeur ; et le lynchage public effectué par les médias avaient effectivement contribué à me faire visiter l'enfer.

Grâce au calme, à la compréhension, à la patience, à l'empathie et à l'écoute active hors pair de mon médecin, j'ai enfin pu prendre le dessus sur cette colère qui détenait une emprise totale sur l'ensemble de ma vie depuis les derniers mois.

La rage que je ressentais constamment à l'intérieur n'est pas disparue pour autant. Elle n'est pas disparue à ce jour. Mais elle a été certes atténuée. Elle a cessé de prendre de l'ampleur et de régir mon quotidien.

Seule, je ne serais pas parvenue à m'en sortir. J'étais enfoncée trop profondément dans ce gouffre. Je n'y voyais plus vraiment clair. Mais je savais qu'il fallait que je fasse quelque chose pour m'extirper de là.

Je n'ai toujours aucune idée de l'identité de la personne qui a décidé de me faire arrêter à mon domicile 12 heures après ma visite au syndicat, alors que j'étais supposément devenue dangereuse. On alléguait que j'avais proféré des menaces ou que j'avais tenu des propos inquiétants, mais qu'est-ce qui était vrai ? La nuance est importante quand on va jusqu'à mettre quelqu'un en état d'arrestation.

De toute façon, comme c'était le cas depuis le début de mon calvaire, je ne pouvais pas m'attendre à plus d'eux. Ils ont attendu que j'atteigne la limite du supportable de ce harcèlement psychologique provenant de tous bords, tous côtés et, tout à coup, comme ils ne m'avaient jamais aidée malgré mes appels au secours, ils se sont mis à avoir peur de moi. En matière de gestion de crise, ils ont dû manquer les cours les plus importants, car on ne peut faire pire.

Je n'avais pas besoin de me faire arrêter pour obtenir l'aide que je quémandais depuis des mois, mais on m'a tourné le dos. Tout le système m'a laissé tomber et, par-dessus le marché, le porte-parole du Directeur des poursuites criminelles et pénales du Québec s'est permis de me menacer d'accusations criminelles pour mon intervention durant l'émeute du 20 mai. Je savais très bien qu'il n'y avait aucune chance qu'on me colle des accusations d'agression armée alors que j'avais agi durant une violente émeute.

Je peux affirmer avec certitude que toutes les enquêtes qui ont été ouvertes me concernant n'avaient pas pour but de me blanchir, mais de m'accuser d'un crime quelconque pour ensuite livrer ma destitution comme plat de résistance.

Dès l'instant où on m'a blâmée publiquement, j'ai compris que j'allais devoir entreprendre un long combat pour faire connaître la vérité sur les vrais événements du 20 mai 2012.

En me condamnant de la sorte et en refusant d'assumer leur imputabilité comme leurs fonctions respectives l'exigent, ils ont délibérément choisi de me faire payer leur incompétence face à leurs responsabilités primordiales, qui sont d'assurer la sécurité de tous les citoyens, et de faire régner l'ordre et la paix. Je pense que sur ces critères, on peut repasser. Pourtant, la direction ne demandait rien de moins de son personnel, dont je faisais partie. À la place, ils m'avaient offerte sur un plateau d'argent pour que l'opinion publique puisse pendre haut et court un coupable : moi.

Mon séjour à l'hôpital tirait à sa fin. Je n'étais pas en grande forme, mais je me sentais définitivement mieux qu'à mon arrivée. Je possédais maintenant des outils pour continuer à avancer malgré les boulets que je traînais.

FORCÉE AU SILENCE

J'étais enfin de retour chez moi. C'était le début du mois de mars 2013, et la seule chose que je souhaitais, c'était que la paix revienne peu à peu pour alléger le nuage de lourdeur qui planait au-dessus de notre famille.

Les 10 derniers mois n'avaient pas été de tout repos. Ma vie avait été virée à l'envers et, même si je travaillais très fort pour éviter d'être touchée par ce qui circulait encore dans les médias à mon sujet, ce n'était pas évident. Même après 10 mois, il n'y avait pas une semaine où mon nom ne faisait pas les manchettes. C'était démentiel de constater l'acharnement affiché à mon endroit.

J'ai dû en déranger plus d'un pour que tous les gros bonnets se mettent à vouloir ma peau, d'autant plus qu'on m'avait déjà vendue en date du 20 mai 2012. La haute direction de mon service avait donné l'assurance au comité exécutif de la ville de Montréal qu'on me mettrait à la porte à coups de pied dans le derrière.

Je savais qu'ils utiliseraient tout le pouvoir qu'une ville possède, à titre d'employeur, sur ses employés. Quand ils décident d'avoir la tête de quelqu'un, ils utilisent toutes les tactiques, souvent déloyales, qu'ils ont à leur portée. Il n'y a aucun budget ou limite à la Division des affaires internes. C'est une boîte administrée directement par la haute direction.

J'ai seulement eu affaire à eux à deux reprises en 18 ans et j'ai eu personnellement connaissance des tactiques douteuses qu'ils utilisent pour tenter de coincer une personne. Et c'était assez pour m'être forgé une opinion sur cette division occulte de notre service de police. Leurs enquêtes ont été fermées presque aussi vite qu'elles ont été ouvertes. Ils soumettent leurs victimes à des enquêtes exhaustives où rien n'est laissé au hasard. Ils viennent retourner toutes les roches de leur jardin et vont tout tenter pour pouvoir y trouver le moindre détail pour les prendre en défaut. Ce n'est pas pour rien qu'ils sont impopulaires chez la majorité des policiers, et cela, depuis toujours et dans tous les départements de police du monde.

J'ai été témoin de plusieurs histoires d'horreur vécues par des policiers qui se sont retrouvés entre leurs mains. Avec eux, la technique de retirer des accusations dans le but de soutirer des déclarations des suspects, qui deviennent subitement des victimes, n'a jamais été aussi évidente. Ils se gardent toujours une petite gêne, comme on dit. Mais dans mon cas, ils ne se sont même pas cachés.

Si on remonte à l'émeute du 20 mai, dès le départ, tous les dirigeants impliqués de près ou de loin savaient que je n'avais fait que mon travail. Quand le ministre de la Sécurité publique a exigé une enquête sur cette affaire, les membres de l'état-major étaient au courant de tous les faits concernant les gestes que j'avais posés. Ils n'avaient pourtant pas déclenché d'enquête.

Qu'est-ce qu'ils ont fait? Ils ont acquiescé à la demande du ministre au lieu de faire face à la réalité et admettre qu'ils m'avaient blâmée hâtivement et que, par conséquent, j'ai été lynchée publiquement avant même qu'on m'accuse de quoi que ce soit. Le verdict avait été instantané et la sentence, expéditive.

Étant constamment sous la menace d'éventuelles accusations criminelles et devant le spectre d'un procès, je m'en tenais au mutisme. Je ne pouvais en parler publiquement. Comme je ne suis pas indépendante de fortune, ils me tenaient en otage avec mon salaire et ma pension.

Après avoir investi plus de 18 ans de ma vie, et c'était les meilleures années, entre 21 et 42 ans, je n'étais pas dupe. Il était hors de question que je mette en jeu tout ce pour quoi j'avais travaillé si dur. Je ne leur donnerais pas la satisfaction de pouvoir se servir du moindre écart de langage comme raison de congédiement.

Par ses agissements et par son refus de rétablir la vérité, mon employeur a vraiment tout tenté pour me faire sortir de mes gonds. Si j'étais tombée dans le panneau, il aurait pu utiliser mes réactions ou mes commentaires pour justifier mon congédiement. Je ne me suis jamais prononcée avant aujourd'hui.

DISCULPÉE DE TOUT BLÂME

Les enquêtes en cours ne semblaient pas vouloir aboutir. J'avais l'impression qu'ils ne faisaient qu'éviter le plus longtemps possible l'inévitable puisque les preuves recueillies ne venaient qu'appuyer la vérité. Et cette vérité, qui avait été cachée au grand public jusque-là, a fini par faire surface après 10 mois d'enquêtes intensives, 15 mois après l'émeute du 20 mai 2012. Et contrairement à tout le négatif qui avait été charrié jusque-là, ça n'a pas fait grand bruit.

Je n'avais encore rien vu. J'ai appris, tout à coup, que le procureur de la Couronne responsable de la mise en accusation des individus qui avaient commis des infractions à l'endroit de mon partenaire et moi sur la rue Papineau avait décidé, le 22 mars 2013, de retirer toutes les accusations déposées contre eux! Il justifiait sa décision en affirmant qu'il ne s'agissait pas d'accusations graves et que, selon lui, mon partenaire et moi avions perdu notre crédibilité en agissant comme on l'avait fait.

J'étais sidérée. D'autant plus qu'il affirmait sans détour que ce n'étaient pas des accusations graves. Si j'avais bien compris, le fait d'intimider deux policiers dans l'exercice de leur fonction n'était pas un crime grave, surtout si on visait à nuire et à entraver le travail de l'agent 728. Et ce n'était pas grave, non plus, de nous avoir physiquement agressés par-derrière.

Si on suit sa logique, toutes les fois, dans ma carrière, où j'ai dû utiliser la force nécessaire pour procéder à une arrestation, j'avais l'intention criminelle de commettre des voies de fait. Dieu sait pourtant que c'est arrivé des centaines de fois tout comme à la plupart de mes nombreux confrères policiers. Donc, entraver le travail des policiers, les agresser, résister à son arrestation, intimider des membres du système judiciaire, le tout en ayant les facultés affaiblies par l'alcool, ce n'était pas du tout grave.

Notre système de justice venait de me faire subir une troisième trahison après les deux commises par mon employeur. J'ai encore envie de vomir quand je pense à cette décision. Normalement, ç'aurait été au juge, et au juge seulement, de décider si ces infractions criminelles étaient de moindre importance.

Le système de justice dégageait ainsi les prévenus d'avoir à faire face aux conséquences de leurs actions et donnait la chance aux enquêteurs des Affaires internes de faire écrire des déclarations à toutes les personnes accusées dans le dossier de la rue Papineau. Tous avaient déclaré publiquement qu'ils refuseraient de parler aux policiers tant et aussi longtemps qu'ils seraient accusés au criminel. Lorsque les accusations sont tombées, ils sont tous allés rencontrer les enquêteurs pour faire des déclarations me concernant. Il y en avait même qui n'étaient pas impliqués dans l'incident qui se sont présentés, racontant des faits qui se sont révélés inexacts ou tout simplement faux. C'était clair : on voulait ma peau à tout prix, mais j'avais l'intention de la vendre chèrement.

On peut affirmer sans se tromper que le pouvoir politique était derrière cette décision. L'opinion publique m'avait déjà condamnée et le pouvoir politique en était conscient. On venait une fois de plus de changer les règles du jeu.

Les policiers en fonction sont protégés par les mêmes lois qu'ils ont promis de faire respecter, sauf dans mon cas, semble-t-il. Pour moi, le traitement était différent.

Au mois d'août 2013, ils ont finalement été obligés de se rendre à l'évidence qu'ils ne pouvaient m'accuser d'un crime pour l'affaire du poivre de Cayenne, car je n'avais alors commis aucune infraction criminelle ce soir-là. Et ce, en dépit du fait qu'ils m'avaient déjà condamnée et humiliée pour avoir, selon eux, commis une énorme bavure.

Un communiqué officiel, alors émis par le Directeur des poursuites criminelles et pénales du Québec, résumait très bien ce que j'affirmais depuis le tout début (*voir Annexe IV, p. 267*). Cette annonce venait de clore une fois pour toutes le chapitre précurseur de tous les autres. La loi est finalement venue mettre un terme à tout ce non-sens que je vivais depuis mai 2012.

Je me battais pour faire valoir mes droits depuis des mois, mais personne, absolument personne au Québec, ne voulait voir la vérité en face. On ignorait la loi et on refusait d'appeler un chat, un chat. C'était comme si je vivais sur une autre planète. Je n'arrivais pas à croire que personne ne voulait appliquer la loi à Montréal. C'était comme si la loi ne s'appliquait plus sur l'île de Montréal. C'était irréel et déstabilisant.

J'aurais dû me réjouir d'être disculpée de tout blâme, mais blanchie ou pas, les dommages causés par la trahison de mon employeur à mon endroit étaient à jamais incrustés dans le plus profond de mon âme. La médiatisation si négative de mon intervention à travers la planète, sur YouTube, Facebook, et Twitter, et le fait que je sois associée à une bavure qui ne s'était jamais produite, faisaient en sorte que ma vie n'était plus la même. En fait, ce n'était plus ma vie. On avait détruit pour toujours ma carrière.

Pour illustrer ce fait, dès le lendemain de la sortie du communiqué de presse du DPCP, sur les ondes d'une station de radio populaire, un animateur continuait de me salir en indiquant que certaines sources l'informaient sur moi et n'avaient rien de bon à dire à mon sujet. Sans scrupules, il poussait l'affront jusqu'à salir la mémoire de mon père. C'était totalement inexcusable et un manque de respect flagrant envers quelqu'un qui n'était plus là pour se défendre.

N'allez pas croire que je ne connais pas ces sources anonymes supposément bien informées. Je sais exactement qui elles sont et de quoi elles sont faites. Mais comme ce sont des choses sur lesquelles je n'ai aucun pouvoir, j'essaye de ne pas trop leur accorder d'importance. Je ne peux cependant m'empêcher de constater comme c'est fascinant de voir à quel point certains humains peuvent rabaisser les autres pour se valoriser.

Oui, je venais enfin d'être officiellement disculpée de tout blâme dans l'émeute du 20 mai 2012! Mais cette nouvelle n'a pas fait la une des médias bien longtemps. Si on m'avait accusée devant les tribunaux, ça aurait fait couler beaucoup d'encre. Mais là, étrangement, il n'y pas eu d'émissions spéciales ni de longs reportages expliquant les faits véridiques et validés de cette intervention. Ce n'était plus sensationnel. La vérité n'intéressait personne. On aurait préféré assister à mon procès. Même si mon intervention au poivre de Cayenne était justifiée et nécessaire, dans l'imaginaire collectif, je demeurerais à jamais une policière qui a commis une grosse bavure. Et ce, même si, après un an et trois mois, ils venaient d'être forcés de révéler à la population qu'ils avaient commis une énorme erreur en me lynchant publiquement et sans équivoque.

C'était un scandale qu'ils avaient réussi à camoufler avec la campagne continuelle de salissage à mon endroit. Comme mon image était déjà perçue comme très négative à cause de mon allure, mon caractère, ma stature, mon orientation sexuelle, mes sentiments exprimés sous le coup de l'émotion, ma masculinité et mon look androgyne, ils n'avaient pas eu beaucoup de difficulté à me faire un procès d'intention et à fausser la perception de la population à mon endroit en refusant systématiquement de rectifier les faits et en laissant croire que j'étais fautive durant cette intervention. Ils s'étaient cachés derrière moi en m'envoyant à l'abattoir pour éviter d'avoir à montrer leur vrai visage.

Personne ne mérite de se faire traiter de la sorte. J'ai été injustement accusée pour un crime que je n'ai jamais commis. Je n'ai jamais reçu d'explications de mon employeur justifiant un tel traitement. L'employeur que j'admirais tant durant les premières années de ma carrière était devenu un employeur inhumain, froid, calculateur, menteur. Une machine mangeuse d'humains qu'elle recrache après usage.

C'est en effet très perturbant de constater que, même après avoir été disculpée de tout blâme, il continuait de mentir à la population. Est-ce que quelqu'un du service de police, n'importe qui, a formulé une excuse à mon endroit pour ces accusations et ces allusions médisantes?

Durant 15 longs mois, les dommages se sont amplifiés et tout ce qui a découlé de cette injustice flagrante, commise volontairement, aura des conséquences désastreuses sur l'ensemble de ma vie et de celle de ma famille

Pendant 15 longs mois, ils ont détruit ma carrière, refusant d'appliquer leurs propres procédures internes concernant l'intimidation perpétrée à l'encontre d'un membre de leur propre personnel, procédures curieusement confirmées à nouveau dans la directive Pr. 329-5 émise deux jours après l'émeute du 20 mai 2012 (*voir Annexe VII, p. 273*). C'est ainsi qu'ils m'ont confirmé qu'ils avaient déjà vendu ma peau. J'ai hésité longuement avant de retourner au boulot sur le Plateau-Mont-Royal. J'étais dans une situation bordélique et je manquais manifestement de recul. J'ai mis de côté le traitement discriminatoire qu'on me réservait pour pouvoir gagner ma vie.

Si j'avais pu lire dans l'avenir. Si j'avais su que pour une deuxième fois en moins de cinq mois, on me dépouillerait de mes pouvoirs, de me devoirs et des protections accordées aux agents de la paix dans l'exercice de leurs fonctions, je n'y serais jamais retournée. Mon calvaire n'était pas terminé, loin de là. Après avoir été attaquée par-derrière lors d'une intervention qui aurait dû en être une de routine, tout a tourné à la foire. Et pourquoi? Parce que mon employeur avait refusé systématiquement de rectifier les faits publiquement et de dire carrément à la population la vérité sur les événements du 20 mai 2012.

En me remettant en fonction sans avoir blanchi mon nom et mon matricule, il m'a mise en danger, tout comme il a mis tous ceux qui travaillaient avec moi dans la même situation. C'est inacceptable et odieux de la part d'une soi-disant grande organisation. En plus, mon employeur m'a retournée au même poste de quartier alors que cela est contraire à la procédure habituelle. C'était pire, dans mon cas, car c'était le cœur de plusieurs partisans des carrés rouges.

Pourquoi avoir agi ainsi après qu'un porte-parole officiel du service eut pourtant affirmé haut et fort :

— On prend ça au sérieux, il y a présentement une enquête d'ouverte. En attendant, elle a été réaffectée à d'autres tâches…

Rien de cela n'était véridique. C'était tellement faux, qu'après m'avoir forcée à retourner au travail sur avis médical, je me suis retrouvée à faire le même travail de patrouille dans le même poste de quartier. Et au moment même où ce porte-parole faisait cette déclaration, j'étais dans mon auto-patrouille à effectuer mon quart de travail!

Mon employeur savait que j'allais subir de l'intimidation, puisque j'en subissais depuis le Printemps érable. Il a négligé d'appliquer les mesures appropriées à cette situation. J'étais marquée au fer rouge. J'étais recherchée par les artisans de ce printemps exécrable à oublier. L'état-major avait la responsabilité de voir à ma sécurité et à ce que je puisse effectuer mon travail sans risque d'encerclement causé par son acharnement à me pointer du doigt pour la supposée bavure du printemps passé.

Mais jamais, au grand jamais, ils n'ont révélé publiquement les résultats de l'enquête concernant mon intervention qui, selon un porte-parole du service, avait été instituée par la Division des affaires internes. Pour moi, c'était évident, ils ne voulaient pas dire la vérité aux gens concernant cette intervention, car ils ont toujours refusé d'admettre que leurs policiers de première ligne devaient composer, certains soirs d'émeute, dont le 20 mai, avec des émeutiers violents et tellement plus nombreux qu'eux.

Curieusement, ma disculpation annoncée au mois d'août 2013 n'a pas fait couler beaucoup d'encre, contrairement à l'écrasante couverture médiatique dont j'avais fait l'objet. On était plutôt pressé d'affirmer que je n'étais pas sortie du bois, car il restait une enquête qui traînait en longueur. Pourtant, depuis le 27 novembre 2012, cette enquête sur l'intervention de la rue Papineau était close. Elle contenait les recommandations des enquêteurs des Affaires internes, soit de ne pas porter d'accusations contre moi. C'était comme si on avait trouvé un coupable et, après l'avoir complètement innocenté, on continuait de le traiter en criminel.

Pourtant, si j'ai été blanchie, dites-vous bien que c'est hors de tout doute, car le but ultime de ces enquêtes n'était pas de me blanchir. À preuve, questionné sur ma disculpation, le commandant des Affaires internes a répondu aux journalistes :

— Vous savez, ce n'est pas nous qui avons pris la décision...

C'était pourtant à ses propres enquêteurs qu'avait été confiée l'enquête par le ministre de la Sécurité publique.

ENCORE ACCUSÉE

On était en septembre 2013. Je faisais toujours l'objet d'une enquête criminelle pour l'intervention de la rue Papineau et elle semblait en être au point mort.

À chaque coup de téléphone adressé à mon syndicat pour en connaître l'évolution, je me faisais toujours servir le même discours :

— C'est politique, Stéfanie, on a les mains liées.

Ce mois-là, 19 mois après l'émeute du 20 mai 2012, le directeur de police s'est finalement expliqué. Il a enfin admis publiquement qu'il y avait bel et bien eu des émeutes dans les rues du centre-ville de Montréal, que ces émeutes étaient violentes et que les policiers de première ligne en avaient été la cible.

Il a également avoué qu'après l'entrée en vigueur de la loi 78, prévoyant, entre autres, que pour toute manifestation regroupant plus de 10 personnes, les autorités devaient être avisées huit heures à l'avance de sa tenue et surtout de son itinéraire, les violences s'étaient accentuées.

Cette affirmation est seulement partiellement vraie, car la loi 78 est entrée en vigueur le 20 mai 2012 et que, mis à part les trois soirs d'horreur des 18, 19 et 20 mai, il n'y a plus eu d'émeutes dans les rues de la ville. Les manifestations ont continué à se dérouler, mais, tout en étant illégales, elles sont demeurées calmes.

Tout ce bordel tirait alors à sa fin, mis à part la tentative de saborder la tenue du Grand Prix de Montréal, qui n'a d'ailleurs pas fonctionné, car, pour ce coup-là, les dirigeants ont démontré qu'ils étaient capables de mettre leurs culottes et d'appliquer la loi comme il se doit. L'argent avait fait bouger les choses.

Au début de l'hiver, je n'avais toujours pas de nouvelles de l'enquête en cours. J'avais l'impression qu'ils ne savaient pas quoi faire, car la preuve recueillie venait appuyer mes rapports. Je me doutais bien que c'était impossible qu'après avoir été traitée comme je l'avais été, ils acceptent de perdre la face devant la population.

Maintenant qu'on m'avait complètement blanchie et qu'on avait, par le fait même, confirmé que mon employeur avait commis une faute en me blâmant publiquement par l'entremise de son porte-parole, mon petit doigt me disait de me préparer à me faire arrêter une deuxième fois.

Je m'étais tenue debout. Je leur avais répété et répété que je n'avais jamais commis de bavure policière le 20 mai. Tout ce que j'avais écrit dans mon rapport concernant l'émeute s'était révélé exact à la virgule près.

Malgré ma disculpation, mon nom continuait de faire surface chaque fois qu'on parlait de bavure policière dans les médias. Il était prononcé par tous les journalistes et supposés experts qu'on faisait témoigner. Chacun à leur manière, ils continuaient de salir mon nom et ils omettaient d'expliquer les raisons qui avaient forcé les autorités à me blanchir. Le pire étant que, parmi ces présumés experts, certains sont d'anciens policiers retraités.

Comme ils se sont permis de me dénigrer et même de me comparer à des policiers qui ont été reconnus coupables d'infractions devant les tribunaux, je me permets de leur mentionner qu'ils ne se trouvaient pas sur la ligne de feu et de leur demander sincèrement : quand, la dernière fois, vous êtes-vous retrouvés dans une situation dangereuse où votre intégrité physique dépendait de la nature de la décision que vous alliez prendre ? C'est tellement facile de parler quand on n'est qu'un spectateur et encore, de loin.

Maintenant que mon employeur avait perdu la face, je savais qu'on allait tout faire pour que je sois accusée dans le dossier de la rue Papineau. On avait manifestement commencé à monter un dossier contre moi en retirant les accusations qui avaient été portées contre ceux que mon partenaire et moi avions arrêtés ce soir-là. Je les voyais venir de loin. Ils avaient été mes supérieurs depuis près de 20 ans et je connaissais les techniques qu'ils utilisaient afin de se soustraire aux feux de la rampe.

Je me rendais à l'évidence qu'en me remettant en fonction au même endroit en septembre 2012, ils m'avaient lancé dans la gueule du loup alors que j'étais dans une position plus que vulnérable. C'était ni plus ni moins qu'une stratégie mise de l'avant pour me replonger, inévitablement, dans un événement majeur.

Ils n'étaient quand même pas sans savoir qu'en étant étiquetée dans la population, spécialement sur le Plateau-Mont-Royal, je subirais tôt ou tard de l'intimidation, de la provocation, des comportements de désobéissance et que, par-dessus tout, je serais traquée par tous les téléphones cellulaires de la ville.

Normalement, la raison fondamentale pour laquelle on retire un policier du travail sur le terrain, c'est pour éviter que ce policier fortement médiatisé ne se retrouve de nouveau dans une situation médiatisée. On ne pouvait quand même pas dire que, durant les trois mois précédant mon retour au travail, je n'avais pas été fortement médiatisée !

On m'avait remise délibérément et volontairement dans un guet-apens pour que ça tourne mal et qu'on se débarrasse définitivement de moi, tout en se lavant les mains de leur propre bavure à mon endroit. Il n'y avait aucune autre explication pour justifier cette situation stupide qui mettait ma vie et celle de mes confrères en danger.

Le suspense a duré 17 mois avant qu'un procureur décide qu'il y avait matière à accusation contre moi à la suite de l'arrestation pourtant effectuée légalement et pendant laquelle j'ai dû utiliser la force pour parvenir à maîtriser un des suspects impliqués.

Ironie du sort ou pas, on a pris la décision de m'accuser juste avant la date de l'élection provinciale que le parti au pouvoir pensait alors gagner. Le procureur du Directeur des poursuites criminelles et pénales qui a pris la décision a avisé lui-même personnellement les journalistes le 23 mars 2014, et cela, avant même la date de ma comparution prévue pour le 6 mai suivant. Le Parti Québécois ayant soutenu les carrés rouges s'est manifestement servi de cette annonce dans un but politique.

J'ai alors été formellement accusée, comme une criminelle de droit commun, de voies de fait simples contre le suspect que j'ai arrêté ce soir-là, une infraction passible de cinq ans de prison. On a, depuis, offert que je plaide coupable à une accusation moindre, mais il n'en est pas question. J'ai carrément refusé. Je n'endosserai jamais d'avoir fauté alors que je faisais mon travail comme tout bon policier doit le faire. Je n'admettrai jamais avoir fauté alors que je n'ai fait que mon travail.

En décembre 2014, la Couronne a changé son fusil d'épaule. On a décidé que j'allais maintenant être poursuivie par voie de procédure sommaire plutôt que par acte criminel, ce qui a pour effet de réduire la gravité de l'accusation et d'aller directement au procès, sans passer par une enquête préliminaire.

Si j'étais maintenant déclarée coupable au terme d'un procès, je ne pourrais donc écoper que d'une peine maximale de six mois de prison plutôt que de cinq ans. La Loi sur la police prévoit qu'un policier reconnu coupable d'une accusation portée par acte criminel est automatiquement destitué. S'il est déclaré coupable d'une infraction sommaire, il revient à l'employeur de déterminer s'il peut conserver son poste.

En février 2015, mon avocat, Me Jean-Pierre Rancourt, a présenté en Cour du Québec une requête en arrêt des procédures alléguant que le comportement du Ministère public et du Service de police de la Ville de Montréal (SPVM) dans ma cause était empreint d'un manque d'équité et violait mes droits fondamentaux. Voulant à tout prix m'accuser, le Ministère public a trouvé le moyen de le faire, a-t-il argué, en acceptant les exigences des quatre citoyens que j'ai arrêtés en octobre 2012 et qui avaient été par la suite accusés. En choisissant de laisser tomber les accusations contre ceux-ci, a-t-il avancé, le Ministère public a choisi de « faire du marchandage d'accusations criminelles, laissant tomber les accusations pour obtenir une déclaration de ces personnes qui, autrement, refusaient de parler aux policiers ». Me Rancourt a qualifié cette façon de faire de « stratagème douteux qui ternit l'administration de la justice ».

Le tribunal n'a pas voulu débattre cette requête. Il l'a plutôt reportée au moment de mon procès, procès qui a finalement été fixé au mois de mars 2016.

Tout cela m'exaspère un peu, c'est certain, mais rien ne me fera changer d'idée. Je n'accepterai jamais d'avouer une faute que je n'ai pas commise. Je ne serai jamais celle qui aura honte de se regarder dans le miroir alors que j'ai fait exactement ce pour quoi j'ai été assermentée et ce pour quoi j'étais salariée, alors que j'ai accompli mon devoir au meilleur de mes capacités.

Jamais je ne marcherai la tête entre les deux jambes et plus jamais je ne permettrai à quiconque de ternir mon image, salir ma réputation et me traîner dans la boue sans que j'aie mon mot à dire.

En mon nom et en celui de la plupart des policiers et policières de Montréal, j'irai avec mon avocat Me Jean-Pierre Rancourt jusqu'au bout de toute procédure judiciaire qu'on entre-prendra contre moi pour avoir seulement exercé mon métier. Je n'accepterai jamais la vindicte politique et populaire. Seul un tribunal peut décider de ma situation. Seul un juge peut voir clair dans ce calvaire merdique qu'on m'a imposé. C'est la seule instance qui impose la vraie justice. Et la seule instance en qui, maintenant, j'ai confiance.

FIÈRE DE MA CARRIÈRE

Notre société s'est dotée de principes moraux de justice et d'égalité pour qu'on puisse vivre en paix. Mais, pour ce faire, il faut les faire respecter en tout temps, peu importe les circonstances et les enjeux.

Dans le cas du printemps 2012 à Montréal, ce principe n'a pas été respecté et on a subi les effets néfastes d'accorder l'immunité à des criminels qui ont, en plus, eu le culot de mettre les policiers au banc des accusés. C'était démentiel et malhonnête.

On veut tous que les policiers protègent nos vies et prennent tous les moyens légaux pour y parvenir, mais chaque fois que des policiers doivent prendre des mesures pour se protéger eux-mêmes, on les pointe du doigt. On leur prête des intentions criminelles. On ne leur accorde jamais la crédibilité d'avoir agi de bonne foi. C'est constamment dans le doute qu'on doit effectuer notre boulot, le doute de se retrouver sans soutien et la crainte de se faire poursuivre seulement pour avoir fait son travail.

Connaissez-vous une autre profession où l'on tolère que le personnel subisse de la violence verbale et parfois physique? Non, il n'y en a pas. Essayez d'aller à l'urgence d'un hôpital et d'engueuler le personnel, vous verrez, la sécurité ou la police va être rapidement appelée pour vous expulser.

Mais nous, policiers, on doit endurer ce genre de violence quotidiennement pendant de longues années sans que l'on en soit affectés. C'est toléré. On se fait répondre qu'on est payés pour cela. Désolée, mais personne n'est assez bien rémunéré pour subir de la violence verbale ou physique. Aucun humain n'accepterait de se faire attaquer et agresser, d'être mis en danger soir après soir, sans être en mesure de se protéger. L'instinct de survie chez un être humain, et surtout chez un policier, est trop fort pour qu'on l'ignore. Instinctivement, dès qu'un danger est perçu, le guerrier refait surface et s'occupe de préserver la vie et de la protéger.

Dans une société qui se respecte, on ne peut agir en hypocrite, demander aux policiers d'effectuer leur travail en appliquant les lois et les règlements et, dès qu'une intervention se complique un peu, les blâmer parce que l'on juge, sans procès, que l'infraction n'était pas d'une si grande gravité. Une infraction, c'est une infraction. Si la société ne veut pas que l'on agisse en matière de « petites infractions », elle n'a qu'à abroger les lois et on n'aura pas à les faire appliquer et respecter. Si la société trouve qu'il y a des lois ou des règlements qui sont inutiles ou inadéquats, ses citoyens n'ont qu'à faire pression auprès des élus pour les faire abroger. Entre-temps, le devoir de tous les policiers demeure de les faire appliquer et respecter. Il faut accepter les interventions des policiers payés expressément pour appliquer les règlements. Si la société ne veut pas que les policiers appliquent les règlements, comme les règlements municipaux dont elle s'est dotée pour vivre harmonieusement, elle n'a qu'à les faire disparaître. Ainsi, les policiers n'auront plus à les appliquer et on cessera de les pointer du doigt. Lorsqu'ils interviennent dans ce genre de cas, ça tourne parfois au vinaigre, et c'est normal.

Lors du printemps 2012, si on était dans la rue uniquement à titre de parures et qu'on était censés se laisser blesser sans rien faire, on n'avait qu'à ne pas nous y mettre et laisser le centre-ville aux mains des émeutiers.

Le 7 octobre 1969, lors d'une grève générale des 3 700 policiers et 2 400 pompiers de Montréal, la ville a été laissée aux pilleurs, aux casseurs et aux incendiaires de tout acabit pendant 24 heures, et lors d'une violente émeute devant les locaux de la compagnie de limousine Murray Hill, dans le quartier Griffintown, le caporal Robert Dumas de la Sûreté du Québec a été tué d'une balle perdue. L'histoire le prouve, les policiers sont indispensables pour vivre en démocratie. Je serais curieuse de voir dans quel état on aurait retrouvé le cœur de la ville au lendemain des nuits d'émeute de 2012 sans notre présence, même mal préparés et mal armés. Plusieurs fins connaisseurs et gérants d'estrade n'auraient probablement pas pu se rendre à leur bureau telle-ment le nettoyage à faire aurait été énorme si notre présence n'avait pas minimisé les dommages à la ville.

Au lieu d'être reconnaissant envers ceux et celles qui se sont battus pour réprimer les émeutes pendant des nuits entières, on a l'audace d'accuser et de condamner les actions de ces policiers sans avoir de preuves d'actes de malveillance de leur part.

Dans mon cas, personne n'avait le droit d'altérer ma vie de quelque façon avant d'avoir prouvé hors de tout doute que j'avais commis une erreur ou une action répréhensible.

Il faut s'assurer de pouvoir pleinement endosser ce que l'on affirme publiquement avant de détruire la dignité, la santé et la réputation de quelqu'un, car la gravité d'un lynchage public est incommensurable et pratiquement impossible à réparer.

La plupart des gens doivent penser que lors de mon calvaire, tout le monde m'avait laissé tomber. Ce ne fut pas le cas, heureusement. J'ai reçu énormément de soutien de plusieurs collègues et de policiers de la base, mais on n'entendait parler, bien sûr, que des commentaires émis par ceux qui sont autorisés à le faire : mes patrons. Les policiers qui se trouvaient à mes côtés durant l'émeute du 20 mai ont tous soutenu mes actions et mes décisions ce soir-là. Les officiers commandant de scène et les responsables de la cavalerie ont également abondé dans le même sens, en révélant et en clarifiant certains faits violents commis à leur endroit nous forçant, nous, policiers de première ligne, à prendre les moyens pour les protéger.

Je suis fière de l'ensemble de ma carrière. Peu importe tout ce qui a été dit à mon sujet, je n'ai jamais eu besoin des autres pour savoir qui je suis et quelles sont mes valeurs. J'ai aidé des centaines de gens. J'ai sauvé quelques vies. Je suis toujours revenue à la maison saine et sauve et mes partenaires aussi. Je n'ai pas eu à utiliser mon arme de service, ce dont je remercie le ciel.

Dans l'ensemble, je peux être satisfaite et je n'ai pas à avoir honte de ma personne. Pas question que je marche la tête entre les jambes. Alors, à tous ceux qui ont affirmé que j'étais une folle, une impulsive et une impatiente, comment se fait-il, alors, que mon dossier disciplinaire soit vierge considérant les districts chauds où j'ai œuvré, le nombre d'officiers sous les ordres de qui j'ai travaillé et la charge de travail que j'ai assumée lors de plusieurs événements majeurs ?

Comment expliquer qu'en 18 ans d'une carrière fort remplie, je n'ai jamais été réprimandée par mon service pour aucune des milliers d'interventions dans lesquelles j'ai eu à prendre des décisions et à poser des actions? Que je n'ai jamais blessé personne durant ces interventions souvent musclées, comme celle de la rue Papineau? Durant tout ce temps, j'ai toujours obtempéré aux ordres de mes supérieurs. En aucun temps, je ne me suis retrouvée sous le coup d'accusations disciplinaires. Cela veut dire que je n'ai jamais fait l'objet de réprimandes à l'interne concernant mon comportement, mon attitude et les aspects de mon travail.

J'ai toujours été sous les feux de la rampe dans les quartiers chauds de la ville. J'étais impliquée à fond dans mon travail. J'étais souvent la première arrivée sur les lieux. Étant la plus expérimentée, j'ai toujours affiché le leadership nécessaire pour mener à bien les interventions quotidiennes.

Je n'ai jamais causé de dommage corporel à quiconque alors que je me trouvais en fonction. La ville de Montréal n'a jamais reçu quelque action que ce soit pour des dommages causés durant l'exercice de mes fonctions.

Après mai 2012, après qu'ils m'eurent pointée du doigt et déclaré que j'avais commis des erreurs, ils ont commencé à recevoir des actions en justice qui m'impliquaient. C'était évident, c'étaient eux-mêmes qui me désignaient comme coupable! Ils venaient tout bonnement d'inviter les gens à les actionner. Ils venaient d'ouvrir la porte pour recevoir des recours en justice. Et c'est exactement ce qui s'est produit.

Même le directeur du service admettait finalement publiquement qu'il n'avait rien à me reprocher lors d'une entrevue accordée à Radio-Canada en février 2013.

ÉPILOGUE

Le traitement injuste qu'on m'a réservé n'avait pour but que de cacher la vérité à la population sur les événements du printemps noir à Montréal et éviter d'avouer à quel point la ville avait été laissée à la merci de l'anarchie. C'est renversant de constater combien l'opinion publique peut être dupée de la sorte. Les quelques minutes de mon intervention au poivre de Cayenne ne montraient pas les 40 quelques minutes durant lesquelles nous avions fait preuve d'une grande tolérance à la violence extrême et au refus d'obtempérer aux ordres de dispersion formulés à maintes reprises.

Mon intervention, diffusée sur YouTube et visionnée à des millions de reprises partout dans le monde, est rapidement devenue virale et a mis énormément de pression sur mon état-major, je le comprends. Mais je ne comprendrai jamais pourquoi, au lieu d'admettre la réalité de la situation devenue ingérable et qui avait pris en otage les citoyens de la ville depuis plusieurs semaines, ils ont choisi de transférer leur devoir de rendre des comptes à la population sur « l'affreuse bavure » commise par le matricule 728. Toute la pression m'a été transmise et je n'y pouvais rien.

Ces images-chocs, qui ont offensé bien des gens, étaient le reflet de la dégradation du climat qui régnait dans les rues de la ville après un nombre incalculable et toujours inexpliqué de manifestations nocturnes qui avaient viré à l'émeute.

Un parfum de corruption émanait de la classe politique de mon employeur, la ville de Montréal, quand cette crise sociale a éclaté. Les médias majeurs ne cessaient de sortir scandale par-dessus scandale depuis plusieurs mois. Du côté provincial, les nouvelles n'étaient pas plus reluisantes : parfum de corruption, abus de confiance, détournements de fonds et financements illégaux faisaient sans cesse les manchettes.

À partir du 22 mai 2012, la commission d'enquête de la juge France Charbonneau, sur l'octroi et la gestion des contrats publics dans l'industrie de la construction, s'apprêtait à entendre ses premiers témoins, qui confirmeraient que les contribuables avaient effectivement été floués et volés de millions de dollars de taxe. Ce qui allait se dégager de cette commission sentait très mauvais.

Les Québécois allaient être estomaqués d'entendre que la mafia gérait la ville de Montréal. Elle avait étendu ses tentacules jusqu'au comité exécutif. Et que faisait le maire ? N'était-il pas le premier magistrat, dont le devoir essentiel était d'assurer le bon fonctionnement de sa ville, et ce, sur tous les plans ? Ne lui versait-on pas un gros salaire pour qu'il soit imputable de tout ce qui se passait sous son règne dans sa municipalité ?

Où se trouvait-il pendant les soulèvements populaires qui allaient marquer le printemps 2012 ? Était-il trop occupé à se trouver des excuses pour expliquer son incompétence flagrante, qui sautait aux yeux de tous ? Il allait devenir un des témoins vedettes de la commission Charbonneau alors que tous les soirs, à partir de 20 h, on assistait à un spectacle désolant dans les rues du centre-ville pendant que le chaos social avait pris la place que doit occuper la paix sociale dans une société dite démocratique.

Par son aveuglement volontaire et son inaction, ce maire avait plongé la ville de Montréal dans un climat de violence et de révolte. On ne l'a vu qu'une seule fois en plus de quatre mois de tumultes dans sa ville et c'était pour demander aux grands-parents de « s'il vous plaît, parler avec vos petits-enfants pour que cesse la violence ! ». Il faut être complètement déconnecté de la réalité pour faire de telles demandes !

C'est le comble quand on doit supplier les gens d'arrêter de tout casser sur leur passage parce qu'on refuse systématiquement d'appliquer les lois promulguées il y a plusieurs années pour contenir et neutraliser la violence urbaine, qui met tout le monde en danger !

La sécurité doit être une priorité dans une grande métropole comme l'est Montréal, avec près de deux millions d'habitants. On doit, en tant qu'administrateur municipal, prendre ses responsabilités et rétablir l'ordre et le maintenir pour que les citoyens puissent vivre en paix en tout temps.

Lorsque l'on s'aperçoit que le premier magistrat de la ville ne remplit pas ses obligations et ses devoirs et qu'il a perdu toute crédibilité pour effectuer ses tâches, quelqu'un d'autre doit prendre sa place. Selon la loi sur les cités et villes, la responsabilité d'assurer la sécurité et le maintien de la paix sociale incombe alors au directeur du service de police.

De par ses fonctions et son devoir, il est imputable pour toute situation majeure qui se développe et pose un risque pour la sécurité des citoyens qu'il représente. Or, combien de fois a-t-on vu ce chef de police, mon patron, s'adresser aux citoyens pour leur faire part de la situation et de ce qu'on faisait pour retrouver la paix dans le centre-ville ?

Je vais vous le dire : on ne l'a pas vu une seule fois, ni à la télévision, ni à la radio, ni dans les postes de quartier les plus touchés par cette situation à la fois exceptionnelle et explosive.

Lors d'une crise majeure comme celle du verglas en 1998, on avait droit à trois points de presse par jour. Même chose lors de l'incendie tragique de L'Isle-Verte en janvier 2013 et de la tragédie ferroviaire de Lac-Mégantic en juillet de la même année.

Il faut croire qu'aux yeux du maire et du chef de police de Montréal, la situation vécue au printemps 2012 n'était pas problématique.

On sait tous qu'on n'a pas besoin d'un leader lorsque tout va pour le mieux, mais lorsque les choses vont mal et se détériorent, il faut mettre fin à ces situations explosives et dangereuses, et ce, en prenant des décisions justes et adéquates par rapport au niveau de dangerosité.

Plus le temps passe sans que rien ne soit fait pour rétablir l'ordre et le maintenir en appliquant les lois prévues, plus ça se gâte. Il ne faut pas tolérer la violence et les leaders qui invitent à la désobéissance civile. Le fait d'inviter les gens à désobéir civilement mène directement à la violence, car ceux-ci vont aller se frotter aux policiers qui, eux, ont un travail à effectuer, peu importe les enjeux sociaux ou le climat politique qui règne.

La loi existe pour tout le monde, et elle doit être appliquée nonobstant la situation. On dit que tout le monde est égal face à la justice et que les lois sont là pour être observées de tous. Mais en 2012, dans la ville de Montréal, cet adage n'a pas tenu la route.

Et, plus d'un an après ce désastre social, le gouvernement a eu le culot d'instituer une autre commission, présidée par

Me Serge Ménard, un ex-ministre de la Sécurité publique, qui est ce même monsieur qui a affirmé en public que j'étais une honte. Il allait essayer de trouver des solutions pour que ce genre de crise ne se reproduise pas.

Ça ne prenait pas une commission spéciale pour comprendre que tout ce fiasco aurait pu être évité si seulement les autorités en place dans la plus grande ville du Québec avaient arrêté de prendre les gens pour des imbéciles, en leur mentant effrontément à répétition au lieu d'appliquer la loi et de nommer les choses par leur nom.

Le phénomène de la violence sociale est clairement détaillé dans le Code criminel canadien, qui est en vigueur partout au Canada, le Québec y compris, je vous l'ai exposé en détail. Pour évaluer le niveau légal de toutes nos interventions, on aurait dû s'y référer en tout temps, car, lors de toute intervention policière, il change à tout moment, sans avertissement. C'est d'ailleurs ce qui rend le travail du policier complexe et toujours imprévisible. On doit toujours être conscient du contexte légal lorsqu'on a à intervenir, surtout lors de l'utilisation de la force.

Lorsque les gens à qui incombe le devoir de faire respecter les lois et de maintenir l'ordre ne font pas leur travail, cela a de graves répercussions sur leurs subalternes. En agissant ainsi du haut de leur tour d'ivoire, les autorités ont mis la vie de leurs hommes et femmes appelés à intervenir sur le terrain en danger, car les policiers postés sur la ligne de feu étaient devenus des cibles pour les émeutiers.

Fait à remarquer, à aucune occasion de la part des autorités, du maire ou du directeur de police avons-nous entendu le mot émeute prononcé. C'était comme si ce mot ne faisait pas partie du dictionnaire français.

Pourtant, un an et demi plus tard, de tels incidents malheureux ont bel et bien été reconnus, et ce, par le directeur de police lui-même lors de son témoignage à la commission Ménard sur le printemps 2012.

Mon destin n'aurait pas été le même si la vérité lors de l'émeute du 20 mai avait été rendue publique dans les jours qui ont suivi. Je sais jusqu'au fond de mon âme que j'ai fait ce que j'avais à faire ce soir-là. J'ai accompli mon devoir à la lettre et j'ai réussi ma mission. Mais j'ai été trahie de la pire façon. J'ai été marquée au fer rouge et je serai à jamais considérée comme une policière ayant commis une horrible bavure. Une bavure qui est maintenant citée comme le parfait exemple de la brutalité policière.

Ce coup de poignard dans le dos aura des effets ravageurs autant sur ma santé physique que sur ma santé mentale. Ma vie ne sera plus jamais la même. On ne risque pas sa vie ainsi, en pleine émeute, pour porter assistance à ses collègues en détresse et en obtempérant aux ordres, pour finalement se faire détruire le lendemain matin par le porte-parole officiel du service. C'est injustifié et impardonnable.

Ce lynchage incompréhensible a été la source des ennuis qui m'attendaient. Ce fut le point de départ de la chasse aux sorcières menée à mon endroit par mon employeur et le tournant signant la fin de ma carrière, même si, au moment des faits, j'ignorais cette finalité.

Si j'avais su, jamais, au grand jamais, je ne serais retournée travailler, m'exposant à un danger plus grand que la norme. Je n'aurais jamais consciemment exposé ma famille au danger et soumis cette dernière à des mois d'intense stress et de souffrance.

On m'avait poussée à revenir au travail par l'entremise du bureau médical de mon employeur sans que ce dernier n'accorde grande importance à mon appréhension et à mon droit à la sécurité alors que j'effectuais mon travail, un droit reconnu aux Normes du travail et par la Commission de la santé et de la sécurité du travail.

Ce fut de la mauvaise foi et de la négligence de m'avoir retournée au travail très peu de temps après que j'eus été la cible d'intimidation et de menaces et après que j'eus été crucifiée sur la place publique par les médias traditionnels et sociaux, qui continuaient de faire des ravages quand on a forcé mon retour sur le terrain. Et, pour rendre la situation encore plus aberrante qu'elle l'était déjà, on m'a retournée dans le secteur où l'on retrouvait le noyau dur des metteurs en scène de la mascarade du printemps 2012 et plusieurs de ses acteurs.

De m'avoir remise en fonction sans rétablir ma crédibilité et ma légitimité à effectuer mon travail auprès de la population était, soit de la bêtise humaine, soit de la folie, ou c'était carrément planifié pour continuer l'opération de destruction de ma carrière, opération amorcée le 20 mai 2012.

Quoi qu'il en soit, l'intervention de routine effectuée sur la rue Papineau a dégénéré à cause du fait que j'ai été reconnue très rapidement et que, dès ce moment, la situation est devenue dangereuse pour mon partenaire et moi. Cette intervention aurait pu avoir de graves conséquences puisque nous nous sommes retrouvés encerclés et agressés par plus d'un assaillant. Par chance, forte de mon expérience, j'ai pu, avec l'aide de mon partenaire, nous sortir du danger sans subir de blessures sérieuses et, plus important encore, sans non plus en causer à qui que ce soit.

Les dirigeants d'un service de police de 4 500 hommes et femmes n'avaient pas le droit de mettre ma vie et celle de mon partenaire en danger. Je ne serai jamais en mesure de pardonner un tel manque de respect et de considération. Cette décision n'a été rien de moins que discriminatoire, car, je le répète, aucun autre policier ayant été fortement médiatisé n'avait été retourné sur le terrain. La plupart des policiers qui ont été médiatisés pour divers événements controversés au cours des dernières années ont été réaffectés à d'autres tâches, souvent administratives, du moins pour la durée des enquêtes à leur sujet.

Encore une fois, dans mon cas, où la médiatisation avait atteint un nouveau sommet, mes patrons n'ont pas fait ce que leurs procédures leur dictaient de faire. La question qui tue : pourquoi avoir agi ainsi après que leur porte-parole officiel eut affirmé haut et fort, le 20 mai 2012, « on prend cela au sérieux, il y a présentement une enquête d'ouverte » ? Et il avait ajouté : « Elle été réaffectée à d'autres tâches... »

Rien de tout cela n'était véridique. C'était tellement faux qu'après qu'on m'eut forcée à retourner au travail, je me suis retrouvée à faire le même travail de patrouille dans le même poste de quartier, et cela, quatre mois après qu'on eut annoncé qu'il y avait une enquête instituée sur mes agissements. C'était tout aussi inexact quand il a déclaré que j'avais été rencontrée par les Affaires internes. Ce jour-là, j'étais assise à l'intérieur de mon auto-patrouille à effectuer mon quart de travail comme si de rien n'était !

Après avoir été humiliée publiquement de la sorte, salie à jamais, il est impossible de me dissocier de l'image qu'on m'a collée à la peau. Il était complètement naïf de ma part de penser que ma vie professionnelle pouvait m'être rendue. Pour toujours, rien ne sera plus jamais pareil. On m'a volé ma carrière. On m'a empêchée de la terminer comme je l'avais souhaité.

Oui, après 15 mois de cauchemars, le Directeur des poursuites criminelles et pénales a confirmé formellement que mon intervention du 20 mai était justifiée, adéquate, conforme aux ordres donnés lors de l'émeute, mais c'était du bout des lèvres. Pour vous montrer à quel point mon employeur était de mauvaise foi dans toute cette affaire, je vous répète qu'alors qu'il était questionné sur ma disculpation, le commandant des Affaires internes y est allé de cette réponse : « Ce n'est pas nous qui avons pris la décision. »

Quelle foutaise ! Il savait très bien, depuis le tout début, que je n'avais commis aucune infraction criminelle, encore moins une bavure policière. D'autant plus que c'étaient ses propres enquêteurs qui avaient effectué cette enquête abusive ordonnée par un ministre à qui, comme à tout le monde d'ailleurs, le SPVM avait jeté de la poudre aux yeux en refusant de reconnaître les faits.

Dix-neuf mois après l'émeute du 20 mai, mon directeur de police est finalement venu s'expliquer publiquement. Il s'est rendu partiellement imputable face aux événements disgracieux du Printemps érable. Il a enfin admis qu'il y a bel et bien eu des émeutes dans les rues du centre-ville de Montréal, que ces émeutes étaient violentes et que les policiers de première ligne en étaient la cible. Il a également avoué qu'après l'entrée en vigueur de la loi 78, précisément le 20 mai, les violences se sont accentuées.

C'est vrai, mis à part la fin de semaine des Patriotes, le 18, 19 et 20 mai, qui a été une horreur pour nous, policiers, et après ma prétendue bévue policière, il n'y a plus eu d'émeutes. Les manifestations ont continué de se dérouler illégalement mais dans le calme.

Toutefois, j'ai sursauté quand il a précisé que ce qu'il avait le plus craint lors de ce bordel, c'était qu'à son réveil, il y ait eu perte de vie humaine.

Je n'en revenais pas. Un chef de police doit être en plein cœur de ce qui se déroule dans sa ville. C'était pour moi irréel de croire qu'il était capable de dormir pendant que ses hommes et femmes mettaient leur vie en jeu presque tous les soirs jusqu'à tard dans la nuit. S'il avait si peur que des vies soient fauchées, n'était-il pas de son devoir de trouver et d'appliquer des solutions ? D'appliquer les lois existantes pour réprimer ces émeutes ?

Au lieu de cela, il s'est enfoui la tête dans le sable, ne voulant pas voir la réalité dans laquelle ses troupes étaient plongées. Ces événements n'auraient jamais pris autant d'ampleur si la volonté politique municipale de Montréal avait fait acte de présence.

La police de Montréal n'est-elle pas censée être une grande famille ? À examiner la gestion du Printemps érable, on ne peut en tout cas pas dire que les parents de la famille ont assuré la sécurité de ses membres et qu'ils ont tout fait en leur pouvoir pour les protéger.

S'il n'y a pas eu de pertes de vie, ce n'est pas qu'une question de chance. Ce n'est que grâce à la bravoure des policiers et policières qui ont assumé leur fonction soir après soir. Ce ne fut certainement pas grâce à leurs parents ingrats qui, eux, se trouvaient loin des événements violents.

Rien ne pourra jamais compenser les dommages et les préjudices qui ont découlé de ce châtiment qu'on m'a réservé. En me discréditant ainsi, on a détruit ma carrière, hypothéqué ma vie et celle de mes proches et on a nourri la propagande haineuse véhiculée par les activistes du mouvement des carrés rouges et autres mouvements anarchiques qui peuplaient les rues du centre-ville de Montréal tous les soirs, ce printemps-là.

Ce métier, c'était ma passion première. J'en ai rêvé durant toute ma jeunesse. Et on me l'a enlevé. Heureusement, j'ai ma famille, ma femme et mes enfants, qui sont ma raison d'être et à qui je dois maintenant ma survie. Et il me reste une autre passion, une que j'avais bien avant de devenir policière et d'avoir une famille bien à moi.

Cette passion, c'est le hockey. Je le pratique depuis plus de 32 ans et il me fait encore vibrer comme au tout début. Je joue dans une ligue composée presque exclusivement d'hommes. Seule une autre femme me tient compagnie dans mon vestiaire.

Cette position et ce sport me définissent à la perfection. Je suis compétitive dans l'âme. J'y retrouve l'adrénaline que j'aime tant. C'est un sport d'équipe, où tous doivent être des guerriers pour espérer l'emporter. La gentillesse de cette bande de gars avec qui je joue a fait en sorte que j'ai poursuivi ma saison quand le ciel m'est tombé sur la tête après mai 2012, et je tiens à les remercier du fond de mon cœur. Ce fut un baume sur mes plaies ; ils m'ont beaucoup plus aidée qu'ils peuvent se l'imaginer.

Dans mon sac de sport, je transporte depuis 32 ans une armure complète pour arrêter les rondelles, qui peuvent parfois être lancées à des vitesses assez élevées. Et durant toutes ces années sur la glace, je peux vous dire que j'en ai reçu des rondelles. Je sais exactement comment on se sent quand on a à arrêter un lancer frappé. Et tout ce que je sais, c'est qu'on souhaite alors pouvoir l'arrêter, car, parfois, la rondelle se faufile entre deux pièces d'équipement et peut causer de sérieuses blessures. Ça m'est arrivé à quelques reprises de plier sous la douleur causée par de tels lancers.

Si je vous parle de mon sport préféré, c'est pour vous dire que jamais, au grand jamais, je n'accepterais de jouer un match sans mon équipement. Même s'il n'en manquait qu'une pièce, je n'irais pas.

J'ai pourtant été affectée à un service d'ordre qui a viré à l'émeute le 20 mai 2012. Moi et mes collègues avions à faire face à une pluie de projectiles dangereux dirigés vers nous tout au long de la soirée et de la nuit. Et laissez-moi vous dire que je suis indéniablement mieux équipée pour jouer au hockey qu'on l'était pour faire face à une émeute.

Il faut croire que notre vie à nous, simples policiers de poste de quartier, n'a pas la même valeur que celle d'un policier d'intervention. Lui, il possède une poche d'équipement de 80 livres qui le protège convenablement contre les feux, les projectiles et les attaques perpétrées entre les barrages policiers.

Nous, tout ce dont nous disposions était un casque antiémeute, un bâton de 36 pouces antiémeute et notre propre chair pour nous protéger de tous les dangers qui peuvent se présenter lors de l'éclatement d'une émeute.

Je suis certaine qu'on n'avait pas le droit de mettre nos vies en jeu de cette façon, avec si peu de moyens et sans un minimum d'équipement pour se protéger et pouvoir au moins repousser des émeutiers efficacement. Si l'indice de danger est considéré comme extrême, aucun policier ne devrait se trouver sur le terrain sans un équipement complet pour accomplir les tâches auxquelles il est affecté. D'après moi, c'est un dossier sur lequel la CSST, qui est censée voir à la protection de tous les travailleurs québécois, devrait se pencher.

Lorsque, dans le cadre de son travail, on peut se transformer en torche humaine en une fraction de seconde, atteint par un cocktail Molotov, on aimerait pouvoir compter sur des vêtements de protection ignifuge. On se sentirait plus en sécurité.

Je ne voudrais surtout pas oublier tous les résidents du centre-ville de Montréal, qui ont souffert de cette crise ingérable pendant des semaines. Je le sais pour avoir échangé avec plusieurs d'entre eux, qui m'ont avoué qu'ils ne se sentaient pas en sécurité. Plusieurs n'osaient pas confronter certains individus portant des carrés rouges dans l'immeuble qu'ils habitaient et qui n'entendaient pas à rire si on avait le malheur de ne pas adhérer à leurs revendications.

Plusieurs de ces citoyens m'ont dit qu'ils n'osaient pas sortir le soir de peur d'être pris dans des événements violents. Ils se terraient littéralement dans leur maison dès qu'une manifestation approchait de leur domicile. Ils sentaient le tremblement du sol causé par le grand nombre de manifestants hurlants et révoltés. Ils se croisaient les doigts en espérant que leur immeuble soit épargné par les casseurs.

Jusqu'à ce jour, ces citoyens n'ont toujours pas eu droit aux explications et aux excuses des autorités concernant la gestion de ces manifestations. Pire encore, ces citoyens n'ont aucune garantie que l'enfer qu'ils ont vécu au printemps 2012 ne reviendra pas les hanter dans un avenir rapproché.

Merci à vous tous, grands leaders de la communauté, pour votre soutien et votre reconnaissance à l'endroit de ce que tous les policiers de première ligne ont accompli au printemps 2012 dans les rues de votre ville.

Toutes ces longues heures que nous avons passées après notre quart de travail à se faire intimider, agresser, cracher dessus, blesser et à se secourir les uns les autres. À mettre nos vies sur la touche et à se faire lyncher dans les médias. À se faire humilier sur la planète entière. À passer pour ceux qui agressaient les manifestants devenus, au sens de la loi, des émeutiers.

Merci surtout de nous avoir défendus et soutenus sur la place publique comme c'était votre devoir de le faire. On n'est trahi que par les siens. Merci beaucoup. Vous m'avez fait détester une des choses que j'aimais le plus au monde : être en uniforme et être au service des autres.

Merci en mon nom et en celui de tous les policiers qui croient que les policiers de première ligne ne doivent jamais être traités comme des citoyens de troisième classe.

C'était très agréable et très gratifiant de vous servir.

ANNEXES

Annexe I
Code criminel du Canada 2012

22. (1) Lorsqu'une personne conseille à une autre personne de participer à une infraction et que cette dernière y participe subséquemment, la personne qui a conseillé participe à cette infraction, même si l'infraction a été commise d'une manière différente de celle qui avait été conseillée.

(2) Quiconque conseille à une autre personne de participer à une infraction participe à chaque infraction que l'autre commet en conséquence du conseil et qui, d'après ce que savait ou aurait dû savoir celui qui a conseillé, était susceptible d'être commise en conséquence du conseil.

(3) Pour l'application de la présente loi, « conseiller » s'entend d'amener et d'inciter, et « conseil » s'entend de l'encouragement visant à amener ou à inciter.

L.R. (1985), ch. C-46, art. 22 ;

Annexe II
Code criminel du Canada 2012

PROTECTION DES PERSONNES CHARGÉES DE
L'APPLICATION ET DE L'EXÉCUTION DE LA LOI

25. (1) Quiconque est, par la loi, obligé ou autorisé à faire
quoi que ce soit dans l'application ou l'exécution de la loi :
a) soit à titre de particulier ;
b) soit à titre d'agent de la paix ou de fonctionnaire public ;
c) soit pour venir en aide à un agent de la paix ou à 'un
fonctionnaire public ;
d) soit en raison de ses fonctions,
est, s'il agit en s'appuyant sur des motifs raisonnables,
fondé à accomplir ce qu'il lui est enjoint ou permis de faire
et fondé à employer la force nécessaire pour cette fin

(2) Lorsqu'une personne est, par la loi, obligée ou autorisée
à exécuter un acte judiciaire ou une sentence, cette personne
ou toute personne qui l'assiste est, si elle agit de bonne foi,
fondée à exécuter l'acte judiciaire ou la sentence, même si
ceux-ci sont défectueux ou ont été délivrés sans juridiction
ou au-delà de la juridiction.

(3) Sous réserve des paragraphes (4) et (5), une personne
n'est pas justifiée, pour l'application du paragraphe (1),
d'employer la force avec l'intention de causer, ou de nature

à causer la mort ou des lésions corporelles graves, à moins qu'elle n'estime, pour des motifs raisonnables, que cette force est nécessaire afin de se protéger elle-même ou de protéger toute autre personne sous sa protection, contre la mort ou contre des lésions corporelles graves.

(4) L'agent de la paix, ainsi que toute personne qui l'aide légalement, est fondé à employer contre une personne à arrêter une force qui est soit susceptible de causer la mort de celle-ci ou des lésions corporelles graves, soit employée dans l'intention de les causer, si les conditions suivantes sont réunies :

a) il procède légalement à l'arrestation avec ou sans mandat ;

b) il s'agit d'une infraction pour laquelle cette personne peut être arrêtée sans mandat ;

c) cette personne s'enfuit afin d'éviter l'arrestation ;

d) lui-même ou la personne qui emploie la force estiment, pour des motifs raisonnables, cette force nécessaire pour leur propre protection ou celle de toute autre personne contre la mort ou des lésions corporelles graves — imminentes ou futures ;

e) la fuite ne peut être empêchée par des moyens raisonnables d'une façon moins violente.

(5) L'agent de la paix est fondé à employer contre un détenu qui tente de s'évader d'un pénitencier — au sens du paragraphe 2(1) de la Loi sur le système correctionnel et la mise en liberté sous condition — une force qui est soit susceptible de causer la mort de celui-ci ou des lésions corporelles graves, soit employée dans l'intention de les causer, si les conditions suivantes sont réunies :

a) il estime, pour des motifs raisonnables, que ce détenu ou tout autre détenu représente une menace de mort ou de lésions corporelles graves pour lui-même ou toute autre personne ;

b) l'évasion ne peut être empêchée par des moyens raisonnables d'une façon moins violente.

L.R. (1985), ch. C-46, art. 25 ; 1994, ch. 12, art. 1.

Annexe III
Code criminel du Canada 2012

ATTROUPEMENTS ILLÉGAUX ET ÉMEUTES

63. (1) Un attroupement illégal est la réunion de trois individus ou plus qui, dans l'intention d'atteindre un but commun, s'assemblent, ou une fois réunis se conduisent, de manière à faire craindre, pour des motifs raisonnables, à des personnes se trouvant dans le voisinage de l'attroupement :

a) soit qu'ils ne troublent la paix tumultueusement ;

b) soit que, par cet attroupement, ils ne provoquent inutilement et sans cause raisonnable d'autres personnes à troubler tumultueusement la paix.

(2) Une assemblée légitime peut devenir un attroupement illégal lorsque les personnes qui la composent se conduisent, pour un but commun, d'une façon qui aurait fait de cette assemblée un attroupement illégal si elles s'étaient réunies de cette manière pour le même but.

(3) Des personnes ne forment pas un attroupement illégal du seul fait qu'elles sont réunies pour protéger la maison d'habitation de l'une d'entre elles contre d'autres qui menacent d'y faire effraction et d'y entrer en vue d'y commettre un acte criminel.

S.R., ch. C-34, art. 64.

64. Une émeute est un attroupement illégal qui a commencé à troubler la paix tumultueusement.

S.R., ch. C-34, art. 65.

65. Quiconque prend part à une émeute est coupable d'un acte criminel et passible d'un emprisonnement maximal de deux ans.

S.R., ch. C-34, art. 66.

66. Est coupable d'une infraction punissable sur déclaration de culpabilité par procédure sommaire quiconque participe à un attroupement illégal.

S.R., ch. C-34, art. 67.

67. Un juge de paix, maire ou shérif, l'adjoint légitime d'un maire ou shérif, le directeur d'une prison ou d'un pénitencier, au sens de la *Loi sur le système correctionnel et la* . *mise en liberté sous condition*, ou son substitut, qui reçoit avis que, dans un endroit de son ressort, douze personnes ou plus sont réunies illégalement et d'une façon émeutière, doit se rendre à cet endroit et, après s'en être approché autant qu'il le peut en sécurité, s'il est convaincu qu'une émeute est en cours, ordonner le silence et alors faire ou faire faire, à haute voix, une proclamation dans les termes suivants ou en termes équivalents :

Sa Majesté la Reine enjoint et commande à tous ceux qui sont ici réunis de se disperser immédiatement et de retourner paisiblement à leurs demeures ou à leurs occupations légitimes, sous peine d'être coupables d'une infraction pour laquelle, sur déclaration de culpabilité, ils peuvent être condamnés à l'emprisonnement à perpétuité. DIEU SAUVE LA REINE.

L.R. (1985), ch. C-46, art. 67 ;

1994, ch. 44, art. 5.

68. Sont coupables d'un acte criminel et passibles de l'emprisonnement à perpétuité ceux qui, selon le cas :

a) volontairement et avec violence gênent, entravent ou attaquent une personne qui commence à faire la proclamation mentionnée à l'article 67, ou est sur le point de commencer à la faire ou est en train de la faire, de telle sorte qu'il n'y a pas de proclamation ;

b) ne se dispersent pas et ne s'éloignent pas, paisiblement, d'un lieu où la proclamation mentionnée à l'article 67 est faite, dans un délai de trente minutes après qu'elle a été faite ;

c) ne quittent pas un lieu dans un délai de trente minutes, lorsqu'ils ont des motifs raisonnables de croire que la proclamation mentionnée à l'article 67 y aurait été faite si quelqu'un n'avait pas, volontairement et avec violence, gêné, entravé ou attaqué une personne qui l'aurait faite.

S.R., ch. C-34, art. 69.

69. Un agent de la paix qui est averti de l'existence d'une émeute dans son ressort et qui, sans excuse valable, ne prend pas toutes les mesures raisonnables pour réprimer l'émeute, est coupable d'un acte criminel et passible d'un emprisonnement maximal de deux ans.

S.R., ch. C-34, art. 70.

Annexe IV

Bureau du directeur

Communiqué
POUR DIFFUSION IMMÉDIATE
CNW : code 01

**Le directeur des poursuites criminelles et
pénales annonce sa décision concernant
l'enquête du SPVM suite à l'évènement du
20 mai 2012 impliquant la policière Stéfanie
Trudeau lors d'une manifestation étudiante**

Québec, le 21 août 2013 — À la suite de l'enquête menée
par le Service de police de la ville de Montréal (SPVM) et
après analyse de l'ensemble de la preuve, le Directeur des
poursuites criminelles et pénales (DPCP) annonce qu'aucune
accusation criminelle ne sera portée contre madame Stéfanie
Trudeau concernant l'intervention de la policière captée sur
bande vidéo, lors de la manifestation étudiante du 20 mai
2012.

Rappelons que ce segment vidéo, diffusé sur le site
YouTube, avait donné lieu à une enquête interne du SPVM et

268 • MATRICULE 728

un rapport fut soumis au DPCP le 10 avril 2013. Celui-ci a été confié à deux procureurs de Québec.

La preuve soumise et analysée est constituée notamment de ce segment vidéo qui ne permet pas d'apprécier l'intégralité de l'évènement et son contexte. Toutefois, mentionnons que 27 déclarations de témoins ont été recueillies et qu'elles démontraient le caractère hargneux et violent de la manifestation. Celle-ci avait été déclarée illégale et l'intervention policière visait une dispersion fluide de manifestants hostiles et la création d'une zone sécuritaire.

Compte tenu de cette preuve, le DPCP est d'avis que cette intervention ne dépassait pas les limites établies par l'article 25 du *Code criminel* et la jurisprudence relative à l'emploi de la force nécessaire par un agent de la paix chargé de l'application de la loi.

En conséquence, aucune infraction criminelle n'a été commise par la policière visée par cette enquête.

Le DPCP fournit, au nom de l'État, un service de poursuites criminelles et pénales indépendant, contribuant à assurer la protection de la société, dans le respect de l'intérêt public et des intérêts légitimes des victimes.

— 30 —

Source :
Me René Verret
Me Jean Pascal Boucher
Porte-parole
Directeur des poursuites criminelles et pénales
418 643-4085

Annexe V

Service de police de la ville de Montréal

Bureau du directeur

Le mardi 4 octobre 2005

Madame Stéfanie Trudeau,

La recherche de l'excellence est une valeur essentielle à l'atteinte de notre mission et vous symbolisez le dépassement par vos réalisations. C'est à juste titre, et je vous en félicite, que le jury vous a sélectionnée en tant que finaliste au Prix de l'excellence 2005 dans la catégorie Action ponctuelle. Pour vous témoigner mon appréciation, je vous invite en compagnie d'une personne de votre choix, à assister à la Soirée de l'excellence et du partenariat 2005 qui se tiendra le mercredi 9 novembre prochain, dès 18 heures, à la salle Le Caf'Conc de l'Hôtel Marriott Château Champlain situé au 1 Place du Canada.

Au rendez-vous cocktail, souper, animation et spectacle qui feront de votre soirée un événement mémorable, au cours duquel vous recevrez une magnifique sculpture de verre soufflé créée par un artisan de Montréal.

J'anticipe le plaisir de vous y rencontrer et je vous prie d'agréer, Madame, l'expression de mes meilleurs sentiments.

Le directeur
Yvan Delorme

Annexe VI

SPVM
Service de police de la ville de Montréal

Ce soir, 18 juin 2012, pour la première fois depuis longtemps, le CCTI (Centre de commandement et de traitement de l'information du Service de police de la Ville de Montréal) n'est pas ouvert. La gestion de la manifestation est remise localement. Ce soir, pourtant, des policiers seront, comme chaque jour, sur la ligne de front et prêts à faire face à l'imprévisible.

Ce soir, des civils seront également prêts à répondre aux citoyens et à nous soutenir activement dans l'exercice de nos fonctions.

Le mois de juin marque le 5e mois de manifestations. Il marque surtout cinq mois de dévouement, de longues heures de travail, de situations de stress parfois intense, de sacrifices personnels et, dans certains cas, de blessures. Des sacrifices que vous, policiers et civils, avez faits. Si vous le pouvez, dites à vos proches qu'ils ont toute ma gratitude pour leur compréhension et les efforts qu'ils ont déployés afin que vous puissiez vous consacrer à la réalisation de notre mission et de notre vision dans la gestion des manifestations.

Nous pouvons tous en convenir, la situation actuelle revêt un caractère bien particulier. Nous avons tous dans notre entourage des hommes et des femmes qui se sentent interpellés par le mouvement social que nous vivons présentement. Ce sont peut-être de proches parents, amis ou encore des connaissances qui ont des opinions bien campées sur le mouvement social que nous vivons ou encore dont certains sont seulement témoins depuis février dernier. Leurs opinions, ouvertement exprimées ou non, ne peuvent que rendre notre travail encore plus complexe.

C'est pourquoi, pendant que vous profitez de ce moment de répit ou avant que vous ne partiez en vacances pour un repos bien mérité, je tenais à vous confirmer que je suis fier de faire partie d'une équipe de haut calibre.

N'oubliez pas que nous sommes des acteurs privilégiés de cette page d'histoire que le Québec est en train d'écrire et que nous faisons une différence pour nos citoyens, pour nos communautés et pour l'image de Montréal sur la scène internationale. Peu importe ce qui est véhicule par certains médias sociaux, nous réécrivons tous ensemble de nouvelle pratiques et façons de faire dans la gestion pacifique quotidienne de manifestations en mode continu.

Encore une fois, merci à vous tous, policiers et civils du SPVM, parents, familles et ami(es) pour votre soutien et votre compréhension tout au long des derniers mois.

Le Chef,
Marc Parent

Annexe VII

SPVM

Procédure numéro Pr.329-5
En vigueur 2012-05-22

ENQUÊTE

Intimidation envers le personnel du SPVM

Propriétaire : Direction des opérations

1. PRINCIPES GÉNÉRAUX

Le service ne tolère aucune forme d'intimidation à l'endroit de l'ensemble de son personnel. Cette procédure définit ce qu'est un acte d'intimidation répréhensible ainsi que les étapes à suivre pour en assurer le traitement.

L'article 423.1(1) du *Code criminel* criminalise l'intimidation d'une personne associée au système judiciaire, ce qui inclut tous les employés du Service de police de la Ville de Montréal.

1. DÉFINITIONS

1.1. ACTE D'INTIMIDATION

Est considéré comme tel, le recours à des usages dont la violence, les menaces et le harcèlement visant un policier ou un employé civil au service du SPVM dans le but notamment :

* d'inspirer la crainte, de le faire dans cette intention et avoir été perçu comme tel par la victime ;
* d'empêcher les membres du SPVM d'effectuer son travail et ou le dissuader de s'intéresser à certaines activités criminelles ;
* de déstabiliser l'organisation policière, et ainsi entraver la bonne marche de l'appareil judiciaire.

NOTE : Cette définition ne restreint pas la portée de l'article 423.1 du Code criminel.